杭州师范大学中文学科学术研究丛书

泽地文库
第一辑

主编／洪治纲

* 浙江省哲学社会科学规划课题重点项目（17NDJC004Z）成果

训诂学视角下的现代汉语辞书释义研究

周掌胜 著

安徽教育出版社
时代出版传媒股份有限公司

图书在版编目（CIP）数据

训诂学视角下的现代汉语辞书释义研究 / 周掌胜著. —合肥:安徽教育出版社,2021.12
ISBN 978-7-5336-9538-5

Ⅰ.①训… Ⅱ.①周… Ⅲ.①汉语—辞书—研究 Ⅳ.H16

中国版本图书馆CIP数据核字（2021）第257083号

训诂学视角下的现代汉语辞书释义研究
XUNGUXUE SHIJIAO XIA DE XIANDAI HANYU CISHU SHIYI YANJIU

出 版 人:费世平
策划编辑:何 客
责任编辑:邰 旻　黄晓宇
装帧设计:王莉娟
美术编辑:张鑫坤
责任印制:陈善军

出版发行:安徽教育出版社
地　　址:合肥市经开区繁华大道西路398号　邮编:230601
网　　址:http://www.ahep.com.cn
营销电话:(0551)63683012,63683013
排　　版:安徽时代华印出版服务有限责任公司
印　　刷:安徽新华印刷股份有限公司

开　本:650 mm×960 mm　1/16
印　张:14.25
字　数:203千字
版　次:2021年12月第1版　2021年12月第1次印刷
定　价:58.00元

（如发现印装质量问题,影响阅读,请与本社营销部联系调换）

总 序

洪治纲

大学之道，人文为先。没有坚实的人文底蕴，没有深厚的人文情怀，没有求真、创新、自由、平等、公正的现代社会理念，大学迟早会陷入实用主义和功利主义的泥淖，甚至会变成精致的利己主义滋生与蔓延的温床，教育也就很难确保学生获得全面而健康的发展。这是我们学科同仁多年来的思想共识和学术信念。

我们是大学教师，但我们也是学者，是恪守人文精神并且学有专攻的学者。因为我们深知，人不仅仅是一种物质生命的存在，还是一种精神、文化的存在。我们必须尊重每个个体的主体地位和个性差异，必须关心和理解不同个体多方面、多层次的内在需求，必须激发不同个体的能动性和创造性，促进人的个体价值与社会价值的统一，并最终使人获得自由全面的发展。

如果问，何谓"人文精神"？我想，这应该是其核心之旨。所以鲁迅先生对现代文明社会的审度标尺，就是"立人"。一个国家能不能"立"起来，在他看来，首先就是这个国家中的人是否"立"起来了，而不是看它的经济指标，或者人均拥有多少本房产证。

作为从事人文教育的学者，我们对人文精神当然并不陌生。但是，在物质主义和功利主义的强力冲击下，要坚持不懈地探究现代社会中的人文精神及其实践路径，并非易事。好在我们是地方性高校，没有"高处不胜寒"的压力，也没有必须实现"弯道超车"的预设目标。我们只是踏踏实实问学，认认真真做人。每天进步一点点，这是我们对自己学术的内心期许。所以，这些年来，我们学科的全体同仁，都在默默地躬身于各自的研究领域，勤思缅想，精耕细作。

我们因此而充实。无论春夏，无论秋冬。

或许我们的能力有限，眼界不高，学养不厚，但这并不影响我们求真和创新的勇气，也不影响我们对于人类悠久的人文主义传统的承继和弘扬。师者，传道，授业，解惑也。传道，是每一位大学教师的首要职责，也是彰显每位人文学者人格魅力的核心之所在。只有心中有了"道"，有了承担历史职责且顺应社会发展的"大道"，我们才能传出特有的生命之光，以及内在的精神高度。我们的学术，从某种程度上说，就是在求真的过程中，孕育和培植内心的生命之道。故章学诚云：学者，学于道也。

但学术毕竟是一项极为艰难的事业，因为它自始至终都是为了求真，不仅在理论上，还要在实践中。严复就曾明确地将"学术"理解为先求真理，而后付诸实践的过程："学者考自然之理，立必然之例。术者据既知之理，求可成之功。学主知，术主行。"梁启超也说过类似的话："学也者，观察事物而发明其真理者也；术也者，取所发明之真理而致诸用者也。……学者术之体，术者学之用，二者如辅车相依而不可离。学而不足以应用于术者，无益之学也；术而不以科学上之真理为基础者，欺世误人之术也。"我们当然也希望通过自己的努力，在传道和授业的过程中，体用互动，生生不息，一起解答各种现代生存之惑，共同叩问人之为人的诸多本质。

这也是我们推出"泽地文库"的重要理由。"泽地"，取自《周易》第四十五卦《萃》卦，卦象为下坤上兑，坤为地，兑为泽，即为"下地上泽"之象，象征"荟萃"之意。这是我们中国语言文学学科全体同仁的美好意愿，也是我们孜孜以求的学术理想。

在人类智慧的天空中，我们希望以执着的姿态飞过，并留下自己的痕迹。

本套丛书将以开放的方式，逐步汇聚我们学科各位学者的优秀成果，既包括已出版多年并在学界产生一定反响、需要修订再版的专著，也包括近年来国家社科基金的最新成果、学术新著以及优秀的博士论文等，几乎涵盖了学科各二级研究方向，也囊括了不同代际的学者智慧，并大体上折射了我们学科的主要特色和优势。当然，鉴于各种原因，本套丛书的第一辑，尚有诸多本学科重要学者未能加盟，期待第二辑或第三辑陆续能够收录。

古人云："士不可以不弘毅，任重而道远。"学术是没有尽头的事业，真理也需要一代又一代人去不断探索和实践。唯因如此，我们渴望通过自己的顽强求索，能够成为人文精神最坚实的承传者，并在具体的教学过程中，将自己所秉持的学术信念力所能及地付诸实践，抑或在世界文化的交流中成为平等的对话者。

2021年冬于杭州

目 录

第一章 训诂学与语文辞书编纂 / 001

第一节 传统文献中的训诂成果 / 001
一、文献注释 / 002
二、字典辞书 / 004
三、笔记札记 / 007

第二节 训诂成果能提高语文辞书编纂质量 / 009
一、有助于发现辞书的立目问题 / 009
二、有助于处置辞书的释义问题 / 012
三、有助于解决辞书的书证问题 / 020

第二章 训诂学与现代汉语辞书的释义 / 025

第一节 现代汉语辞书的释义原则 / 025
一、准确性原则 / 026
二、简明性原则 / 026
三、概括性原则 / 026
四、系统性原则 / 027

第二节 现代汉语辞书的释义问题 / 027
一、释义不够确切 / 027
二、释义不够简明 / 097
三、释义缺少照应 / 132

四、括注不合实际 / 155

第三章　训诂学与现代汉语辞书的义项 / 159

第一节　现代汉语辞书的义项要求 / 159

一、义项要完备 / 159

二、义项要严密 / 160

三、义项间要有区别 / 160

第二节　现代汉语辞书的义项问题 / 161

一、义项缺漏 / 161

二、义项冗余 / 178

三、义项分合不当 / 181

第四章　训诂学与现代汉语辞书的例证 / 189

第一节　现代汉语辞书的词例问题 / 189

一、词例不够充足 / 189

二、词例不够贴切 / 193

三、词例缺少照应 / 194

第二节　现代汉语辞书的义例问题 / 197

一、释义跟词例不相一致 / 197

二、词例与释义缺少对应 / 199

第五章　语文辞书的训诂义和辞书义 / 204

第一节　区分训诂释义和辞书释义 / 204

一、训诂释义和辞书释义的目的 / 204

二、训诂释义和辞书释义的特点 / 205

三、训诂释义和辞书释义的作用 / 205

第二节　鉴别取舍训诂释义 / 206
一、避免随文释义 / 206
二、避免断章取义 / 207
三、避免文白夹杂 / 210

主要参考文献 / 212

语词索引 / 215

第一章

训诂学与语文辞书编纂

  训诂是对古代文献语言的解释，训诂学是研究训诂的学问，即"对零散的、感性的训诂现象作理论上的归纳和总结，揭示规律，阐述义例，总结方法手段，用以指导训诂实践"①。因而传统语文辞书是在训诂学研究基础上发展起来的，它们是训诂学研究成果的反映。

第一节　传统文献中的训诂成果

  中国传世典籍的训诂成果浩如烟海、丰富多样，是后世弥足珍贵的文化遗产。对这些训诂成果的收集、整理、运用始终为训诂研究者所重视。现代训诂学的奠基人之一黄侃指出，"不明本有训诂，不能说字；不知后起训诂，则不能解文章而观文为说"②，提出了"本有之训诂"与"后起之训诂"，后又相继提出"独立之训诂"与"隶属之训诂"，"说字之训诂"与"解文之训诂"等概念。胡朴安则将传统训诂成果分为"尔雅派之训诂"、"传注派之训诂"、"释名派之训诂"、"方言派之训诂"四类。③陆宗达在其《训诂简论》"训诂的内容"下分为"保存在注释书和训诂专书中的训诂内容"、"保存在文献正文中的训诂内容"两大类。④周大璞认为："从西汉开始，训诂有了更大的发展，确立了两种

---

① 方一新：《训诂学概论》，江苏教育出版社，2008年，第8页。
② 黄侃述，黄焯编：《文字声韵训诂笔记》，上海古籍出版社，1983年，第188页。
③ 胡朴安：《中国训诂学史》，商务印书馆，1939年，第12页。
④ 陆宗达：《训诂简论》，北京出版社，2002年，第18、99页。

基本的体式，即随文释义的注疏和通释语义的专著。"① 其《训诂学要略》在"训诂体式"部分即据此分为"随文释义的注疏"、"通释语义的专著"两类。许嘉璐《故训汇纂序》指出："昔时训诂学的成果，是后来训诂实践的资粮。其存在形式主要是三种：字典辞书，文献注释，笔记札记。"② 相较而言，我们认为这个概括比较简明全面，故将此节的大小标题按此分类列举。

一、文献注释

（一）传注类

"传"是传述的意思，原指对儒家六经作出解释。王充《论衡·书解》："圣人作其经，贤者造其传。"颜师古《汉书注》："传谓解说经义者也。"如《春秋》经就有《左传》、《公羊传》、《穀梁传》传述其经义，史称"春秋三传"。其中《左传》重在阐述史实，弥补《春秋》文字的简古含蓄；《公羊传》、《穀梁传》则重在阐明《春秋》的微言大义。

"传"还有内传、外传、大传、小传、补传、集传之分。内传是指比附经义的注解，外传则是与经义不相比附的注解。西汉时齐人辕固生和燕人韩生解说《诗经》，创立了内传、外传的名目。东汉后有学者称《左传》为《春秋内传》，称《国语》为《春秋外传》。大传是大义的意思，其名始于汉代的张生和欧阳生的《尚书大传》。小传意谓"不贤识小"，是一种谦虚的说法，如宋刘敞有《七经小传》。补传类似补注，如宋范处义有《诗补传》。集传类似于集注，如宋朱熹有《诗集传》。

至于汉代出现的"诂训传"，则与此前的"传"有了明显的区别。如毛亨的《毛诗故训传》，主要以文字训诂疏通经义，通过训释字词以

---

① 周大璞：《训诂学要略》，湖北人民出版社，1984年，第12页。
② 许嘉璐：《〈故训汇纂序〉》，载宗福邦、陈世铙、萧海波主编《故训汇纂》，商务印书馆，2003年，第2页。

求句义明了，句义明了则文意自然显明。

"注"是注释的通称，是传注类训诂的另一重要类型。唐贾公彦《仪礼疏》曰："注者，注义于经下，若水之注物。"可见，"注"是对经文的解释。早期的"注"与经本相分离，东汉以降，经、注合一，就经下注，"注"也就成了训释经文最为常用的称呼。东汉大儒郑玄就有《周礼注》、《仪礼注》、《礼记注》传世。此外，还有东汉何休《春秋公羊传注》、东汉高诱《战国策注》和《吕氏春秋注》、三国魏王弼《老子注》、西晋郭象《庄子注》、东晋张湛《列子注》、唐颜师古《汉书注》、唐李贤《后汉书注》、唐杨倞《荀子注》等。

"补注"是在"注"的基础上产生的另一种训诂类型。它对原有注释加以补充或驳正，如宋洪兴祖《楚辞补注》就是对东汉王逸《楚辞章句》的补订，清王先谦《汉书补注》就是对唐颜师古《汉书注》的补正。

"笺"也是注的一种，指在原有注释的基础上附记自己的意见，始于东汉郑玄为《毛诗故训传》作的《毛诗笺》。这种补正他人成说的注解方式在后世仍被使用，如清胡承珙有《毛诗后笺》。

（二）章句类

"章句"是离章辨句的省称，是分析古书章节句读的意思。它通常以句子为训解的基本单位，将字词注释嵌入句子的直译里。在字词注释的基础上，着重于逐句逐章的串讲和分析大意。如东汉赵岐《孟子章句》，每篇按意义分为若干章，每篇末用"章指"概括全章旨意，有助于读者把握文章主旨。除此之外，较为有名的"章句"还有东汉王逸《楚辞章句》和宋代朱熹《大学章句》、《中庸章句》。

（三）义疏类

"义疏"是疏通其义的意思，这是一种兼释经文和注文的训诂类型。它产生于魏晋南北朝时期。由于去古已远，当时的读书人不仅难以看懂先秦典籍，连汉人的注解也不太能理解，因此既注解典籍原文又解释前人典籍传注的"义疏"就随之产生,如南朝梁皇侃《论语义疏》,唐贾公彦《周礼义疏》、《仪礼义疏》,清郝懿行《尔雅义疏》。

"义疏"还有疏、注疏、正义等别称。称"疏"的,如唐成玄英《庄子疏》、清陈奂《诗毛氏传疏》。称"注疏"的,如宋邢昺《论语注疏》、《尔雅注疏》。称"正义"的,如唐孔颖达《五经正义》、清刘宝楠《论语正义》、清焦循《孟子正义》、清孙诒让《周礼正义》。

"义疏"兼释前人的经文和注文,往往旁征博引,罗列大量材料来阐发、补正经注,且不违背原注的基本意思,但有时不免烦琐冗长,令人目眩。

(四)集解类

"集解"是汇集诸家对同一典籍的训解并加上编者意见的一种注释方式,如三国魏何晏《论语集解》,南朝宋裴骃《史记集解》,清王先谦《荀子集解》、《庄子集解》,清王先慎《韩非子集解》等。集解类的注释还包括"集注"、"集释","集注"的有宋朱熹《四书集注》、《楚辞集注》,"集释"的如清郭庆藩《庄子集释》。

(五)音义类

"音义"是一种既注音又释义的训诂类型,又称"音训"、"音注"、"音解"、"音释"等。此类训诂以注音、辨音、释义为主,有时兼及校勘文字和辨别版本异同。唐陆德明的《经典释文》是音义类训诂的代表作。唐玄应《一切经音义》25卷和唐慧琳《一切经音义》100卷则是佛经音义的代表作。

二、字典辞书

(一)《尔雅》类

此指《尔雅》、仿《尔雅》体例编的书以及对"雅书"进行注释的著作。

《尔雅》是我国最早的训释词义的专著,也是我国最早的语义分类词典。它从战国开始纂集,至汉代补充完成。按类分为19篇,前3篇所释是一般字义和词义,类似后世的语文词典。后16篇所释为专门事物的名称,具有百科词典的性质。

《尔雅》首创的按意义分类编排的体例和多种释词方法,对后代词典、类书的发展产生了很大的影响。后人模仿《尔雅》,编撰了一系列以"雅"为书名的词典,如旧题汉孔鲋《小尔雅》、三国魏张揖《广雅》、宋陆佃《埤雅》、宋罗愿《尔雅翼》、明朱谋㙔《骈雅》、明方以智《通雅》、清吴玉搢《别雅》、清夏味堂《拾雅》、清洪亮吉《比雅》等。

对《尔雅》的注解,现存最早最完整的注本是晋郭璞的《尔雅注》,其他著名的《尔雅》注本有宋邢昺《尔雅疏》、清邵晋涵《尔雅正义》、清郝懿行《尔雅义疏》等。

对其他雅书的注解也有不少,如宋宋咸《小尔雅注》、清王煦《小尔雅疏》、清胡承珙《小尔雅义证》、清王念孙《广雅疏证》、清钱大昭《广雅疏义》等。

(二)《说文》类

东汉许慎的《说文解字》是我国汉语史上第一部分析字形、说解字义、辨别声读的字典,也是一部杰出的语言文字学著作。全书由15卷组成,每卷又分上、下两部分。书中收正篆9353个,重文1163个,共计收字10516个,保留了大量的古字形。《说文》按所收字的字形分为540部,首创编排文字的方法。《说文》解说文字时,先释义,再释形,后释音,保存了大量的古词义。

专门研究《说文》的"《说文》学",发端于唐李阳冰刊定《说文》,至南唐、北宋的徐铉、徐锴兄弟全面校订《说文》,已粗具规模,到清代而极盛。清人研究《说文》的著作达300多种,出现了深受后人推重的"四大家":段玉裁《说文解字注》、桂馥《说文解字义疏》、朱骏声《说文通训定声》、王筠《说文解字句读》和《说文释例》。

《说文》的出现标志着我国文字学的正式建立。在它的直接影响下，后代出现了很多模仿《说文》体例的著作，如晋吕忱《字林》、梁顾野王《玉篇》、旧题宋司马光《类篇》、明梅膺祚《字汇》、明张自烈《正字通》、清张玉书等奉诏编撰的《康熙字典》等。

（三）《方言》类

此指《方言》、续补或仿照《方言》之作以及注释《方言》的著作。

《方言》全称为《輶轩使者绝代语释别国方言》，是西汉著名学者扬雄倾注毕生精力调查完成的，开了方言地理学的先河。《方言》以鲜活的口头语言为研究对象，不仅比较全面地记录了当时汉语各方言区的词汇，而且较为准确地标出了它们的空间分布，为汉语史提供了珍贵的资料，具有重要的训诂价值。

《方言》后的续补之作主要有：清杭世骏《续方言》、程先甲《广续方言》、徐乃昌《续方言又补》、胡文英《吴下方言考》、章太炎《新方言》等。

历代为《方言》作注的专书也不少，如晋郭璞《方言注》、清戴震《方言疏证》、钱绎《方言笺疏》、钱侗《方言义证》、王念孙《方言疏证补》、刘台拱《方言补校》等。

（四）《释名》类

东汉刘熙的《释名》是汉语史上第一部全面运用声训探求事物命名的训诂专书。它所训释的对象侧重于日常名物事类，因而涉及广阔的社会生活，从天文地理到人事习俗都有所反映，加上《释名》成书去古未远，后人可以因所释名物推求古代制度。

对《释名》的注疏，多集中在清朝，有张金吾《广释名》、毕沅《释名疏证》、王先谦《释名疏证补》、成蓉镜《释名补证》、吴翊寅《释名校议》、王仁俊《释名集校》、顾广圻《释名略例》等。

（五）《广韵》类

《广韵》全称《大宋重修广韵》，由宋陈彭年、丘雍等人奉诏在《切韵》、《唐韵》等韵书的基础上增广修订而成，是现存最早最完整的一部韵书。《广韵》将所收之字按声音分为 206 韵，以四声为纲、韵目为纬加以编排，共 5 卷。它完整而详细地记录了中古语音体系，是研究中古音的首要材料，也是考察上古音韵的重要材料。此书虽然是音韵学专书，但因其包含字义训释资料，因而具有训诂价值。

《广韵》后的韵书有宋丁度等《集韵》、宋毛晃《增修互注礼部韵略》、金韩道昭《五音集韵》、元黄公绍等《古今韵会举要》、明乐韶凤等奉诏编成的《洪武正韵》等。这些后出的韵书大多在前面韵书的基础上增字增训。

三、笔记札记

"笔记"是指"一种以随笔记录为主的著作体裁"[①]。以记见闻、述史事、写情景为主，时有辨名物、释古语等考辨内容。"札记"是读书时记录下来的要点或心得，类似今天的"读书笔记"，以校讹误、定句读、考字义、明训诂、讲文意、释典制为主。

"笔记"和"札记"的区别，主要在于前者零散琐碎，内容驳杂，形式多样，重在记叙和写实，语言随意、轻松，可读性较强；后者往往通过搜罗、排比、归纳材料以证成己见，重在考辨，语言严谨，学术性强。

（一）笔记类

参考刘叶秋的《历代笔记概述》，我们将笔记中的训诂成果分为

---

① 详见罗竹风主编：《汉语大词典》第八卷"笔记"条，汉语大词典出版社，1992 年，第 1164 页。

"考据辨证类笔记"和"历史琐闻类笔记"两类。①

"考据辨证类笔记"涉及天文地理、文学艺术、风俗民情、逸闻琐事等方方面面，内容广博，几乎无所不包，不乏训诂资料。例如，晋崔豹《古今注》、唐封演《封氏闻见记》、唐苏鹗《苏氏演义》、唐李匡乂《资暇集》、宋宋祁《笔记》、宋朱翌《猗觉寮杂记》、宋程大昌《考古编》、元李冶《敬斋古今黈》、元陈世隆《北轩笔记》、明何良俊《四友斋丛说》、明杨慎《谭苑醍醐》、明焦竑《焦氏笔乘》、清陆以湉《冷庐杂识》、清袁枚《随园随笔》、清梁章钜《退庵随笔》、清高士奇《天禄识余》、清梁绍壬《两般秋雨庵随笔》等。

"历史琐闻类笔记"侧重记野史、谈文艺、说掌故，偶有考辨类训诂资料。例如，晋葛洪《西京杂记》、南朝梁宗懔《荆楚岁时记》、唐刘餗《隋唐嘉话》、唐李肇《唐国史补》、唐赵璘《因话录》、宋司马光《涑水记闻》、宋欧阳修《归田录》、宋王辟之《渑水燕谈录》、宋陆游《老学庵笔记》、金刘祁《归潜志》、元王恽《玉堂嘉话》、元刘埙《隐居通议》、元陶宗仪《南村辍耕录》、明沈德符《万历野获编》、明陆容《菽园杂记》、明余继登《典故纪闻》、清王士禛《池北偶谈》、清昭梿《啸亭杂录》、清潘荣陛《帝京岁时纪胜》等。

（二）札记类

根据古人读书札记的内容，我们将札记中的训诂成果分为"训诂类札记"和"杂考类札记"两种。

"训诂类札记"立足训诂，所考对象具体、明确，或为字词意义的诠释，或为名物制度的考证，或为版本异文的勘定，专业性强，学术价值高。例如，宋王观国《学林》、南宋孙奕《履斋示儿编》、清刘淇《助字辨略》、清王念孙《读书杂志》、清王引之《经义述闻》和《经传释词》、清钱大昕《十驾斋养新录》、清胡鸣玉《订讹杂录》、清俞樾《群经平议》和《诸子平议》、清孙诒让《札迻》等。

---

① 刘叶秋：《历代笔记概述》，北京出版社，2003年，第4页。

"杂考类札记"于天文地理、文学历史、语言艺术、典章制度、风俗民情、逸闻趣事无所不包,考据精审,学术价值较高,训诂成果往往长短不一,散见其中。例如,宋沈括《梦溪笔谈》、宋洪迈《容斋随笔》、宋王应麟《困学纪闻》、清顾炎武《日知录》、清张尔岐《蒿庵闲话》、清阎若璩《潜邱札记》、清桂馥《札朴》、清赵翼《陔余丛考》、清王鸣盛《蛾术编》、清俞正燮《癸巳类稿》和《癸巳存稿》等。

以上我们从三个方面概括说明了我国传统训诂学所取得的成果。由于古代文献的浩繁,有些散见于类书以及专书如《本草纲目》中的训诂成果似还难以概括进去,这也说明了我国传统训诂成果的广博。

第二节　训诂成果能提高语文辞书编纂质量

陆宗达指出:"任何时代都要编纂为自己时代所需要的语言工具书。有了工具书,才有利于文献古籍和科学文化的普及。而对工具书的编纂和修订,离开训诂学,是无法进行的。"① 的确,训诂学与语文辞书编纂的关系是非常密切的,不仅体现在辞书的体例和释义的方法上,而且涉及辞书的立目、释义、书证等方方面面。下面我们以当代最大的语文词典《汉语大词典》为例试加阐述。

一、有助于发现辞书的立目问题

词目是词条的重要组成部分。《汉语大词典》把收词规模和收词数量的庞大作为努力的方向,本无可厚非,但一味贪多求广,将一些因传抄、编撰失误而形成的"假词"作为词目收入词典,则会造成错误,影响词典质量。

【边扇】侧边,侧面。《儿女英雄传》第二六回:"姑娘闪过身子去

---

① 陆宗达:《训诂简论》,北京出版社,2002年,第190页。

一看,那神主的右首旁边果然刻着两行字,只是被那神龛边扇遮着,一时看不清楚。"(《汉语大词典》10/1292)

此释甚可疑。查书证原文①,发现"边扇"一句原文作"只是被那神龛边扇儿遮着,一时看不清楚"。原来该词条的编写者漏略了"扇儿"的"儿"字,以致将"边扇"误读成词。显然,此词目难以成立,词条当删。另,书证中的"扇儿"不是指扇子,而是指"神幔上挂的流苏"②。

【游泥】①淤泥。南唐刘崇远《金华子杂编》卷下:"又其洲上游泥,不可起塔庙。"②无休止地侵扰。《敦煌变文集·目莲救母变文》:"狱中罪人,生存在日,侵损常住,游泥伽蓝,好用常住水果,盗常住柴薪。"(《汉语大词典》5/1502)

义项①释"游泥"为淤泥,且只有《金华子杂编》一则书证,很可疑。检核《读画斋丛书·丁集》之《金华子杂编》和中华书局1985年出版的《金华子杂编 中朝故事》可知,"洲上游泥"实作"洲上淤泥"。此词条编写者因"游"、"淤"字形相近而误立一个义项。义项②仅据敦煌变文一个例子就概括出"无休止地侵扰"这一义项,亦难令人信服。据项楚考证,"游泥"当作"淤泥","游"字盖"淤"字形讹,字亦作"污"。"污泥"与"侵损"对举,也用作动词,犹云弄脏。佛教以"污泥伽蓝"为恶业,死后当受罪报,如唐义净译《根本说一切有部毗奈耶出家事》卷四:"尔时具寿僧护白佛言:'我于彼处,见诸有情,其形如墙,或如柱树,如叶花果,或如扫帚铦杓曰形,彼于前身当作何业,受如斯报?'佛告僧护:'⋯⋯汝之所见形如墙者,彼诸众生污泥僧伽墙壁,所以得如是报。'"佛所云"污泥僧伽墙壁",即是变文中的"淤泥

---

① 见光绪六年北京聚珍堂活字印本《儿女英雄传》和上海书店1981年出版的《儿女英雄传》。
② 详见《儿女英雄传》第二十四回。

伽蓝"①。此说极具说服力，已获学界认可，《敦煌变文校注》、《敦煌文献语言词典》等即采纳此见。如此，"游泥"的两个义项就成了无源之水、无本之木。"游泥"的词目既难以成立，整个词条自然亦当删去。

【陾嶧】深曲貌。唐寒山《诗》之三○六："石磊磊，山陾嶧。"（《汉语大词典》11/1112）

"陾嶧"不词。翻检寒山诗的各种校注本②，"山陾嶧"均作"山陾陾"。尤其是项楚的《寒山诗注》以四部丛刊影宋本为底本，校以日藏宫内省本、正中本、高丽本、四库本等传世善本以及其他与寒山诗有关的著述，堪称目前国内外寒山诗最完整、最可靠的定本。该书第788页"山陾陾"注曰："形容山深而险。'陾'通'奥'，《文选》卷一班固《西都赋》：'防御之阻，则天地之陾区也。'吕延济注：'陾，犹深险也。'"显然，"陾嶧"这一词目当是《汉语大词典》编写者的误列，当删。

【人舍】住户。《初刻拍案惊奇》卷八："我在何时拐骗？如今四邻人舍，都是证见。"（《汉语大词典》1/1043）

"人舍"不词。查《拍案惊奇》的最早刻本——明崇祯尚友堂刻本及今人章培恒整理、王古鲁注释的《拍案惊奇》，"人舍"均作"八舍"，"四邻人舍"实乃"四邻八舍"。显然，该词条的编写者因"人"、"八"形近而误读，以致生造"人舍"这一词目。故此词条不成立，当删。

---

① 详见项楚：《敦煌变文字义析疑》，《中华文史论丛》，1983年第1辑。
② 徐光大校注：《寒山子诗校注 附拾得诗》，陕西人民出版社，1991年；钱学烈校注：《寒山诗校注》，广东高等教育出版社，1991年；项楚：《寒山诗注 附拾得诗》，中华书局，2000年。

二、有助于处置辞书的释义问题

释义是词典编纂的核心工作。一部辞书质量的高低,在很大程度上取决于它的释义。但由于一些字词的古义在现代往往隐没不显,加之人们释词时以今律古的思维定式,因而很容易产生望文生训、以偏概全等错误。充分利用训诂成果,就能帮助我们不断改进辞书编纂工作,提高辞书编纂质量。

(一)纠正释义错误

【张眉】舒展眉毛。神情兴奋貌。唐韩愈《石鼎联句》诗序:"喜视之若无人,弥明忽轩衣张眉,指炉中石鼎谓喜曰:'子云能诗,能与我赋此乎?'"(《汉语大词典》4/127)

《汉语大词典》似将"张眉"跟"展眉"、"伸眉"混同一词了。"展眉"、"伸眉"才是因高兴而舒展眉毛①,如元稹《遣悲怀》诗之三"惟将终夜长开眼,报答平生未展眉"的"展眉",司马迁《报任少卿书》"乃欲仰首伸眉,论列是非"的"伸眉"。"张眉"则谓扬起眉毛,主要有二种含义。一可表示矫揉造作之态,如《朱子语类》卷四十四:"而今人所以知于人者,都是两边作得来,张眉弩眼,大惊小怪。"陈廷焯《白雨斋词话》卷二:"若文及翁之'借问孤山林处士,但掉头笑指梅花蕊,天下事,可知矣'。不免有张眉努目之态。"二可表示愤怒之貌,如敦煌写卷伯2718号《茶酒论》:"阿阇世王为酒杀父害母,刘零(伶)为酒一死三年。吃了张眉竖眼,怒斗宣拳。"《续传灯录》卷八:"三门外有两个大汉,一个张眉握剑,一个努目挥拳。"韩愈《石鼎联句》诗序中的"张眉"即作此解,句谓道士轩辕弥明因侯喜目中无人,愤怒地敞开衣服,扬起眉毛,要与侯喜比试咏诗。故此释义当改。

---

① 见《汉语大词典》第四卷第45页"展眉"条、第一卷第1241页"伸眉"条。

【化涂】造化之路。指人生道路。南朝梁沈约《奉和竟陵王经刘瓛墓》诗："化涂终渺默，神理暧犹存。"（《汉语大词典》1/1115）

此释似把"化涂"之"化"理解为"造化"，不确。诚然，"化"有造化义，但"化涂"之"化"却是死亡义。"化涂"意为死亡之路，即死亡。首先，"化"有死亡义。《淮南子·精神训》："故形有摩而神未尝化者。"高诱注："化，犹死也。"《孟子·公孙丑下》："且比化者无使土亲肤，于人心独无恔乎？"朱熹注："化者，死者也。"黄生《义府·化》："人死亦谓之化。"其次，从文意上来讲，"化涂"亦以释作"死亡"为宜。为了更好地说明问题，我们把沈约诗句的前文一并引出："表间钦逸轨，式墓礼贞魂。"车过长者墓地，乘车人起立俯凭车前横木，表示敬意。自然而然，"化涂"两句承接上文，表达了作者对亡者刘瓛的赞美之辞：亡者已去，相隔遥远，但他的精神却依然留在人间。这种观点也为现代学者所接受，清沈德潜辑《古诗源》收有此诗，今人苗洪注曰："化，指死亡。涂，通'途'。"

【仙妾】指仙宫的婢女。唐李贺《天上谣》："玉宫桂树花未落，仙妾采香垂珮缨。"（《汉语大词典》1/1143）

《汉语大词典》以拆词释义的方法来解释"仙妾"，认为"妾"是婢女义，不确。其实，这里的"仙妾"是指代嫦娥。为了更好地说明问题，我们把书证后面的相关文字也一并引出："秦妃卷帘北窗晓，窗前植桐青凤小。王子吹笙鹅管长，呼龙耕烟种瑶草。"诗人李贺虚构了一个天上乐园，描绘了天仙的悠闲自乐，其中"秦妃（弄玉）"、"王子（王子晋）"诸仙并列，均为特指，故"仙妾"也应是特指。查阅文献，"仙妾"的这种借代用法在古籍中已有记载，明徐𤊹《徐氏笔精》："李长吉诗本奇峭，而用字多替换字面。如吴刚曰'吴质'……嫦娥曰'仙妾'，读书人曰'书客'。"这里，徐𤊹明确指出"仙妾"就是嫦娥。清王琦注解《天上谣》"玉宫"两句:"月中有琼楼玉宇,有桂树,有素娥。"① 其中的"素娥"即嫦娥。《文选·谢庄〈月赋〉》:"引玄兔于帝台,集素娥于后庭。"李周翰注:"常娥窃药奔月,因以为名。月色白,故云素娥。"显然,"仙妾"指嫦娥当无异议。另外,"玉宫"指月宫,在唐诗中用例颇多。陈陶《殿前生桂树》:"仙娥玉宫秋夜明,桂枝拂槛参差琼。"姚合《咏镜》:"孤光常见鸾踪在,分处还因鹊影回。好是照身宜谢女,嫦娥飞向玉宫来。"例中"玉宫"均指月宫,故"玉宫"之中的"仙妾"也以释为嫦娥为宜。

明朝开始,"仙妾"所指的意义范畴有所扩大,可以泛指"仙女",以下例句可作明证。史鉴《紫阳庵》诗:"龙血淋漓凝紫琼,玉枝瑶草交莹英。桂影兰香泣秋色,仙妾坐花吹玉笙。"作者驰骋想象,从天帝到仙女,着意渲染了一幅凄凉寂寞的画面。杨慎《赛天香》词:"芙蓉屏外,倒金尊,满座艳歌凝咽。半面新妆香透幌,环珮珊珊步怯。接黛垂鬟,低声小语,问采香仙妾。"词中展示了一幅瑶池宴饮图,描绘了席中低声询问仙女之景。可见,"仙妾"在明时已泛指仙女。

因此,"仙妾"这一词条的释义宜改为"本指嫦娥,后泛指仙女"。

【经始】开始营建;开始经营。《诗·大雅·灵台》:"经始灵台,经之营之。"北魏郦道元《水经注·河水五》:"岩侧石窟数口,隐迹存焉,而不知谁所经始也。"唐李夷简《西亭暇日书怀》诗:"兹亭有殊致,经始富人侯。"宋叶适《夫人王氏墓志铭》:"芟锄荒榛,经始耕稼。"清刘大櫆《程氏宗祠碑记》:"元年经始,四年祠成。"(《汉语大词典》9/863)

《汉语大词典》似用倒序的方式来解释"经始",认为"始"是开始之义,这显然把"经始"当作了短语,很不确切。首先,"经始"是词而非短语,从下面的例句即可看出。《北史·邢峦列传》:"灵太后令曰:

---

① 李贺著,王琦等注:《李贺诗歌集注》,上海人民出版社,1977年,第71页。

'配飨大礼，为国之本，比以戎马在郊，未遑修缮，今四表晏宁，当敕有司，别议经始。'"这里"别议经始"的"经始"义同前面所说的"修缮"，是词而非短语。《汉魏南北朝墓志汇编·北齐》："及时逢孔棘，运属横流，经始霸图，缔构王道。"这里"经始霸图"与"缔构王道"相对为文，"经始"显然属于动词，为经营、建立之义。再如《汉语大词典》所举之"芟锄荒榛，经始耕稼"一例，"经始"与"芟锄"相对为文，显然也是动词经营之义。其次，"经始"一词源出《汉语大词典》所引《诗·大雅·灵台》"经始灵台"，此"始"字不作开始解，而是通"治"。高亨《诗经今注》注曰："始，借为治。"向熹《诗经词典》释曰："始，通'治'。治理。"古文献中有不少资料可以印证这点。《尔雅·释诂一》："初，始也。"郝懿行义疏："始与治通。"朱骏声《说文通训定声》："始，假借为治，实为理。"《尚书·益稷》"在治忽"一语，在《史记·夏本纪》作"来始滑"。《孟子·万章》："始条理也。"孙奭《孟子音义》曰："始本亦作治。"以上"始"、"治"的异文皆可证二字可以通假。因此，"经始"的"始"通"治"，"经始"义同"经治"①，是一个同义复词。《汉语大词典》之释宜改为"营建；经营。始，通'治'"。

（二）弥补义项不全

【莫落】缀结。汉刘向《新序·杂事二》："渐台五重，黄金白玉，琅玕龙疏，翡翠珠玑，莫落连饰，万民罢极，此二殆也。"（《汉语大词典》9/417）

此释可补三个义项。①凋谢，衰败。宋廖行之《重九后菊》诗："流液尚能甘水味，返魂应付与梅香。来年莫落秋深后，好趁登高入酒筋。"宋方岳《次韵汪卿》诗："霜洗梅花春满握，夜寒吹老城头角。琐窗砚作离骚香，吐句不教花莫落。"②寂寞，冷落。宋梅尧臣《依韵游

---

① 《汉语大词典》收有"经治"一词，释为"筹划治理"。

陈留禅寺后池》："远游情莫落，去国意徘徊。"宋徐瑞《次韵陈心田郊居即事二首》（其一）："诗名莫落江湖去，怕有人来画子庐。"③失意，潦倒。宋黄庭坚《与徐甥师川》："直夫以公事牵挽，入城意甚莫落，幸善馆待之。"宋李之仪《姑溪居士集·夜投临颍陆周仲馆待甚悉》："我生且莫落，随遇辄自警。转盼已归空，区区徒画饼。"

【仙院】指唐代的集贤殿书院。唐开元十三年，改集仙殿为集贤殿书院，故有"仙院"之称。唐刘禹锡《酬令狐留守巡内至集贤院见寄》诗："仙院文房隔旧官，当时盛事尽成空。"参阅《旧唐书·职官志二》。（《汉语大词典》1/1145）

可补两个义项：①道观。明冯梦龙《醒世恒言》第三十八卷："元来那童子指引的路径，全不是旧时来的去处，却绕着这一所仙院，倒转向背后山坡上去。"明罗贯中《三遂平妖传》第八回："难得先生好意相请，今日也将晚了，我们就同往仙院借宿一宵。"②神仙所居之地。清洪昇《长生殿·重圆》："离却玉山仙院，行到彩蟾月殿，盼着紫宸人面。""仙院"与"月殿"对文而言，正是神仙居住之地。又《长生殿·得信》："蓬莱岫，见太真仙院榜高头。"这是说：见太真仙院的字样写在匾额上。

【便信】感到便利而信从之。唐李翱《岭南节度使徐公行状》："刺史临视给与，吏无所行其私，以故人皆便信，应募者数千人。"（《汉语大词典》1/1364）

可补两个义项：①立即相信。《鹤林玉露》卷四："相公且仔细，秀才子口头言语，岂可便信？"《三国演义》第三十五回："福笑谢曰：'向闻使君仁德，未敢便信，故以此言相试耳。'"《初刻拍案惊奇》卷九："来人不肯便信，僧家把棺木撬开与他看，只见是个空棺，一无所有。"②请人捎带的信件。《二刻拍案惊奇》卷四："过了一年有余，张贡生两个秀才儿子在家,自从父亲入京以后,并不曾见一纸家书、一个便信回来。"《闲情偶寄·演习部·〈明珠记·煎茶〉第三折》:"小姐,你千万保重!若有便信,替我致意老夫人。"《欢喜冤家》第十七回:"此间是东翁家里,你进来请坐,我有便信劳你,寄与江御史。"

(三) 整理义项繁乱

【余残】①指残兵败卒。《三国志·魏志·公孙瓒传》"绍遣将攻之,连年不能拔"裴松之注引晋习凿齿《汉晋春秋》:"前以西山陆梁,出兵平讨,会麹义余残,畏诛逃命,故遂住大军,分兵扑荡。"②指残年余生。宋叶适《谢除宝谟阁直学士提举凤翔府上清太平宫表》:"存留宿旧,闵惜余残;非必选贤,示将假宠。"(《汉语大词典》12/554)

"余残"下收列的两个义项均属随文释义,犯了词典释义的大忌。若照此类推,"余残"还可收列下面这些义项。根据南朝梁慧皎《高僧传》卷二"常随师远行,于旷野逢虎,师欲走避,耶舍曰:'此虎已饱,必不侵人。'俄而虎去,前行果见余残,师密异之",可列出"残留的尸骨"这一义项。根据敦煌写卷伯 2305 号《解座文汇抄》"不论贵贱与高低,拣甚僧尼及道侣。除却牟尼一个人,余残总被无常取",可列出"其余的人"这一义项。根据元好问《遗山集》卷三十四"县帖追来不惊扰,丁丝纳去得余残",可列出"残余的钱财"这一义项。如此繁复,词典释义的概括性就无从体现。其实,"余残"义同"残余",为同义复词,《汉语大词典》宜将两个义项合并为一个,列出"残留的,剩余的"这样一个概括的义项即可。

【忸怩】①羞愧。……②犹踌躇,犹豫。……③退缩不前、局缩不伸貌。……④犹辗转。《敦煌变文集·降魔变文》:"须达忸怩反侧,非分仿偟。"(《汉语大词典》7/439)

义项④的孤证为敦煌变文之《降魔变文》篇。查《降魔变文》,发现"忸怩"一词除《汉语大词典》所举一例外，还有两例："良久沉吟情不悦，心里回惶便忸怩。""须达布金欲了，残功计数非多，心中思忖忸怩，料度当开何藏。"在敦煌写卷斯3491号《频婆娑罗王后宫婇女功德意供养塔生天因缘变》中也有一例："于是大王后乃渐渐老大，体重力微，难可故往于山林，日日三时而礼谒。然以端居宝殿，正念思惟，非分忧惶，忸怩反侧。"排比、揣摩这些句中的"忸怩"一词，可以看出皆是犹豫不决的意思。① 故义项④不成立，当删却。《降魔变文》的这则书证可归入义项②"犹踌躇，犹豫"之中。另，此词条的编者之所以会将"忸怩"误解为辗转，可能是受了"忸怩反侧"中"反侧"的误导，以为"反侧"肯定跟"辗转"联系在一起。其实，"反侧"除了广为人知的"翻来覆去，转动身体"之义外，还有犹豫不决、惶恐不安之义，而此处恰好是惶恐义。

【倦极】①疲倦困苦。《史记·屈原贾生列传》："人穷则反本，故劳苦倦极，未尝不呼天也；疾痛惨怛，未尝不呼父母也。"②疲倦到了极点。(《汉语大词典》1/1518)

"倦极"的"极"乃疲劳、疲倦之义。《广雅·释诂》："困、疲、羸、券、却，极也。"《玉篇·网部》："罷，皮解切，休也。又音疲，极也。""疲极"为同义复词，郭在贻《训诂丛稿》第241页已发之。此释的义项②将"极"释为"极点"，是非常明显的错误，尤其连书证也举不出，更可见义项的不成立。至于义项①把"倦极"释为"疲倦困苦"，也不确当。这从所举书证"劳苦倦极"中即可看出，"劳苦"说的是辛苦，"倦极"说的是疲倦。因此，此释的两个义项可删并成一个，即"疲劳，疲倦"。

至于义项①的孤证，宜当补充。《论衡·问孔》："如自知未足，倦

---

① 《敦煌变文校注》第572页注69："项楚云：'忸怩是犹豫、踌躇的意思。'"《敦煌文献语言词典》释"忸怩"："思虑，犹豫。"

极昼寝，是精神索也。"《北齐书·外戚列传》："文略弹琵琶，吹横笛，谣咏，倦极使卧唱挽歌。"柳宗元《读书》诗："倦极便倒卧，熟寐乃一苏。"

【如或】①好像有。《诗·小雅·正月》："心之忧矣，如或结之。"郑玄笺："心忧如有结之者。"②如果有。《汉书·艺文志》："闾里小知者之所及，亦使缀而不忘。如或一言可采，此亦刍荛狂夫之议也。"③如果。《后汉书·陈蕃传》："臣闻人君有事于苑囿，唯仲秋西郊，顺时讲武，杀禽助祭，以敦孝敬。如或违此，则为肆纵。"《水浒传》第一〇四回："那段氏刁顽，如或不允这头亲事，设或有个破绽，为害不浅。"《西游记》第九一回："如或不然，掀翻你窝巢，教你群精都化为脓血！"（《汉语大词典》4/272）

"或"有如果义，《经词衍释》卷三："或，犹如也，若也。《易·坤》：'或从王事，无成有终。'《左传》宣三年：'天或启之，必将为君。'《汉书·隽不疑传》：'或无所出，母怒为之不食。'或并如义、若义。"五代王定保《唐摭言·荐举不捷》："张祜雕虫小巧，壮夫耻而不为者，或奖激之，恐变陛下风教。"《宋史·太祖纪一》："诏诸道狱词令大理、刑部检详，或淹留差失致中书门下改正者，重其罪。"这两例中的"或"即作如果、假使理解。因此"如或"为同义复词，意思是"如果"，《汉语大词典》义项③确切无误。但《汉语大词典》义项①、②却不成立。义项①的书证出自《诗经》，在《诗经》中，"如或"的用法共出现两次，一是《小弁》"君子信谗，如或酬之"，一是《汉语大词典》所举"心之忧矣，如或结之"。这两处的"如或"，还未凝固成一个词，"如"是好像、如同的意思，"或"是有人、有的人之意，根本不能作为"如或"的书证使用，因而此义项及书证当删去。义项②为孤证，本身就很可疑。细加斟酌就会发现，书证"如或一言可采"的"如或"，其实就是义项③的如果义，所谓"如果有"这样的义项，是词典编纂者的随文释义，故该义项亦当删去，书证可归入义项③中。

三、有助于解决辞书的书证问题

词典的书证不仅能够说明词义和用法,还可以证明义项的客观存在及源流。因而,对《汉语大词典》这种"古今兼收,源流并重"的大型词典来说,丰富、准确、恰当的书证无疑是十分重要的。但遗憾的是,《汉语大词典》还时或存在着书证源流不明、文字讹误、断取不当等问题。训诂学有助于这些问题的解决。

(一) 充实书证的溯源探流

【明志】表明心志。清姚鼐《〈礼笺〉序》:"夫其所服膺者,真见其善而后信也;其所疑者,必核之以尽其真也,岂非通人之用心、烈士之明志也哉!"姜妙香《追怀往事》:"抗日战争时期,兰芳先后隐居香港和上海,息歌息舞,蓄髭明志。"(《汉语大词典》5/601)

此例属于溯源不够。《汉语大词典》所释"表明心志"后列举的最早书证是清姚鼐《〈礼笺〉序》,可提前至三国诸葛亮《诫子书》:"夫君子之行,静以修身,俭以养德。非淡泊无以明志,非宁静无以致远。"

【熏心】①谓心中焦灼如焚。唐韩愈《祭郑夫人文》:"感伤怀归,陨涕熏心。"②迷住心窍。宋王安石《和王乐道烘虱》:"熏心得祸尔莫悔,烂额收功吾可贺。"明沈德符《野获编·言事·一人先忠后佞》:"二人富贵熏心,改口逢世,又诿其责于父师,真悖逆之尤。"(《汉语大词典》7/223)

此例也属于溯源不够。《大词典》第②义项释为"迷住心窍",所收的最早书证是宋王安石《和王乐道烘虱》诗,实可提前至汉路温舒《尚德缓刑书》:"故盛服先生不用于世,忠良切言皆郁于胸,誉谀之声日满于耳,虚美熏心,实祸蔽塞。此乃秦之所以亡天下也!"

【遑息】空闲休息。《诗·召南·殷其雷》:"殷其雷,在南山之侧。何斯违斯,莫敢遑息。"(《汉语大词典》10/1036)

此例为孤证,缺少探流,不利于读者把握该词词义演变的脉络。因此,在《汉语大词典》所举《诗·召南·殷其雷》一则书证后,宜增补以下书证,以展现该词的发展轨迹。杜甫《题衡山县文宣王庙新学堂呈陆宰》诗:"征夫不遑息,学者沦素志。"柳宗元《斩曲几文》:"支不得舒,胁不遑息。"王阳明弘治壬戌尝游九华诗:"频年驱逐事兵革,出入贼垒冲风埃。恐恐昼夜不遑息,岂复山水能徘徊?"

【破故】破旧敝坏。唐裴铏《传奇·薛昭》:"吾体已苏矣,但衣服破故,更得新衣,则可起矣。"(《汉语大词典》7/1030)

此则词条的书证只有唐裴铏《传奇·薛昭》一例,可补唐以后的书证以探流。刘克庄《贺新郎》词:"谪下神清洞。更遭他、揶揄黠鬼,路旁遮送。薄命书生鸡肋尔,却笑尊拳忒重。破故纸、谁教翻弄。"《明史》卷三百二十九:"朝廷不能援,但敕其国人速议当继者而已。其国残以破故,来者日众。"

(二)匡正书证的文字讹误

【避头】逃避,躲避。《王梵志诗·身卧空堂内》:"我今避头去,抛却空闲多。"张锡厚校注:"民间俗语,犹逃避,躲避。头,语助词。"(《汉语大词典》10/1277)

书证"抛却空闲多"的"多"应为"舍"字之误。检王梵志此诗原始出处的敦煌写卷伯 3211 号、斯 5641 号,此句均作"抛却空闲舍",今人张锡厚《王梵志诗校辑》和项楚《王梵志诗校注》亦录作"抛却空闲舍"。佛教往往用堂舍来比喻人的躯壳,如成语"魂不守舍"的"舍"

即是,"抛却空闲舍"即死之隐语。①

【入话】①话本小说中的一种结构。……②指引入正题的话头。《初刻拍案惊奇》卷二二:"所以他将计就计,以推命做个入话,唆他把女儿送入空门,取他做了徒弟。"(《汉语大词典》1/1067)

义项②的书证存在两个错误。首先是引文不确,查《拍案惊奇》的最早刻本——明崇祯元年尚友堂刻本及今人章培恒整理、王古鲁注释的《拍案惊奇》可知,"将计就计"应为"将机就计","取他做了徒弟"当为"收他做了徒弟"。其次是卷次误称,此书证的出处应是《初刻拍案惊奇》卷三四,而非"卷二二"。

【便楫】轻便的船。楫,船桨,借指船。《韩非子·奸劫弑臣》:"治国之有法术赏罚,犹若陆行之有犀车良马也,水行之有轻车便楫也,乘之者遂得其成。"(《汉语大词典》1/1368)

书证引文有误,"轻车便楫"当改为"轻舟便楫"。引文中的"陆行"与"水行","犀车良马"与"轻车便楫"分别相对成文,"犀车良马"表"陆行"之交通工具,则表"水行"之交通工具应为舟船之类,而"轻车"既不属舟船之类,又与前句的"车楫"犯复,文字讹误当无疑义。查四部丛刊影印宋乾道本《韩非子》,"轻车便楫"即作"轻舟便楫",故书证当改。

【企竦】举踵而立,形容看得出神。《文选·曹植〈求自试表〉》:"夫临博而企竦,闻乐而窃抃者,或有赏音而识道也。"李善注:"《说文》曰:'博,局戏也,大箸十二棋。'又曰:'企,举踵也。'竦,犹立

---

① 参见王梵志著,项楚校注:《王梵志诗校注》上册,上海古籍出版社,1991年,第214页。另,"避头"当释为"避身,抽身","头"非语助词。

也。"(《汉语大词典》1/1167)

《汉语大词典》引用李善注有误。李善注引《说文》曰:"博,局戏也,大箸十二棋。"这里的"大箸"当改为"六箸","大"、"六"或因形近而致误。"六箸"、"十二棋"都是古代的博戏用具。"博",古同"簙"。《说文解字·竹部》:"簙,局戏也,六箸十二棋也。"《楚辞·招魂》:"菎蔽象棋,有六簙些。"王逸注:"投六箸,行六棋,故为六簙也。"洪兴祖《楚辞补注》引《古博经》云:"博法,二人相对,坐向局。局分为十二道,两头当中名为水,用棋十二枚,六白六黑,又用鱼二枚,置于水中,其掷采以琼为之。琼畟方寸三分,长寸五分,锐其头,钻刻琼四面为眼,亦名为齿,二人互掷采行棋,棋行到处即竖之,名为骁棋,即入水食鱼,亦名牵鱼。每牵一鱼获二筹,翻一鱼获二筹。"从以上古文献对博戏的记载可知,"六博",又作"六簙",是我国古代一种掷采行棋的游戏。"六箸"则是这种游戏的用具,俗称骰子、色子,其材质或竹或石,或兽骨或象牙,后世的象棋或源起于六博棋。另外,查阅中华书局出版的《文选》①,亦有同样的错误,当改。

(三)纠正书证的标点不当

【倾祝】犹言衷心祝愿。宋苏舜钦《启事上奉宁军陈侍郎》:"秋夏之会,气候未调,伏冀精保寝兴,辅以药物,哀情不任倾祝之极。"(《汉语大词典》1/1647)

书证的标点有误,"哀情不任倾祝之极"一句当标点为"哀情不任,倾祝之极。"首先,从文意来看,"哀情"句用于文章末尾,正如《汉语大词典》所释,表达了作者的衷心祝愿,希望对方健康快乐。如果依据《汉语大词典》的标点,则文意无从理解。其次,从形式上来看,上文均为四字句("伏冀"句之"伏冀"为敬辞),依照古人行文习惯,"哀

---

① 萧统编,李善注:《文选》,中华书局,1977年,第520页。

情"句也以四字句为宜。再次,"倾祝"一词往往出现在"启"这种文体的末尾,表祝愿义,且尤以宋代文献为多,下面聊举数例。《全宋文》卷五一三载宋祁《代回夏相公启》:"尚期暮节,获睹元功。倾祝于斯,一二非述。"《全宋文》卷三八七三载王洋《贺黄新恩启》:"行观腾踔,尚慰衰残,倾祝之情,敷宣奚既!"《全宋文》卷六〇八五载廖行之《贺莫漕冬启》:"倾祝之诚,敷宣罔既。"显然,以上诸例中,"倾祝"句都表达了作者深深的祝愿之情。可见,"倾祝"表祝愿时,一般单独成句,尤其是上述书证中的"倾祝之诚"、"倾祝之情",与"倾祝之极"的句式如出一辙,故《汉语大词典》句读当改。另,沈文倬校点《苏舜钦集》和傅平骧、胡问陶校注《苏舜钦集编年校注》,"倾祝"一句的标点皆与《汉语大词典》相同,似可探《汉语大词典》错误之源。

【使下】仆从。宋程大昌《演繁露续集·唐宪衔使头使下》:"今世俗之语,以仆从为使下。"(《汉语大词典》1/1326)

此书证较全的引文当为:"淳熙丁未,高庙上仙有赴总护使司辟命者,堂帖称'使下某官'。一日,会沈德远,德远举似,大笑之。为今世俗之语,以仆使为使下故也。"显然,《汉语大词典》所引书证存在两个问题,一是引文断取不当,二是将"仆使"误作了"仆从"。

第二章

训诂学与现代汉语辞书的释义

释义是辞书最主要、最重要的工作，是一部辞书成功与否的关键。商务印书馆出版的《现代汉语词典》作为我国第一部规范性的语文词典，其收词、释义等历经多次修订，在科学性、规范性、实用性等方面达到了前所未有的高度，受到学界普遍赞誉，成为现代汉语学习者不可或缺的权威工具书。

第一节　现代汉语辞书的释义原则

"释义是指对词目含义的注释或解释"①，可分为狭义和广义两种。狭义的释义是指用文字解释词典的词义。广义的释义是指跟释义有关的所有工作，包括词目的解释、义项的排列、引例的选择，等等。在辞书编纂中，"词的释义既是以语言解释语言，就要利用语言中语词的各种各样的意义关系，使释义词语和被解释的词所代表的意义等值或近值"②。这里说的"等值或近值"，主要指词目跟释义内容相等或相当，即词目所承载的词义信息被准确、简明、概括地解释出来，没有明显的缺失或歪曲。具体来说，释义必须遵循以下四个原则。

---

① 黄建华：《词典论》，上海辞书出版社，2001年，第83页。
② 符淮青：《语文词典中词的释义方式》，载上海辞书学会、辞书研究编辑部编《辞书编纂经验荟萃》，上海辞书出版社，1992年，第111页。

一、准确性原则

对现代汉语辞书来说，释义的准确性是衡量其质量高低的主要标准，也是编撰者必须努力追求的目标。汉语的发展历史悠久而漫长，词汇始终处于发展演变之中。因而要对词义作出符合客观实际的解释，就必须充分占有语言材料，防止因材料不全而出现以偏概全的问题。在这方面，不断充实和完善的电子语料库可以发挥很强的效用，但编撰者要注意对电子语料的甄别、核实、选择。同时，要对词义发展演变的脉络有比较清楚的认识，分清语词的本义、引申义、修辞义与临时借用义、修辞手法的区别，避免将它们混为一谈。

二、简明性原则

辞书释义不同于写论文和搞考据，不需要详细的论证和深入的发挥。"它的特点是要用不多的文字，对词语作出解释，这就要求做到言简意赅。就是说，话要讲得简短扼要，而意思却要明白完备。"[①] 为了达到这一目标，辞书编撰者应该惜墨如金，字斟句酌，紧扣词目进行释义，尽量将东拉西扯、可有可无的赘余文字删去，用辞书编撰的行话来说，就是要"挤干水分"。同时，要注意释义语言的浅显明了，避免因词不达意、不知所云所致的晦涩难懂。

三、概括性原则

语词出现在不同的语言环境中，其意义往往有所不同。若是进行文本注释，完全可以据此作出不同的注解，但辞书编纂却不适合这样随文生训，否则就会出现很多义项，背离辞书编纂的目的和原则。正确的做

---

① 池哲：《辞典要有简明性》，《辞书研究》，1979年第2期。

法是，在全面搜集语词例证的基础上，运用归纳、排比、分析、综合等方法，将语词的意义按照本义、引申义、比喻义等分列为若干项，用准确简明的文字作出恰当的概括，使语词的内涵和外延相对称。这样做，语词的义项看似不多，实际却很完备。当然，释义的概括并不是越概括就一定越好，而是该概括时当概括，该分列时需分列。但对这一分寸的把握不宜作硬性规定，而是需要辞书编撰者在实践中不断完善和提高。

四、系统性原则

词典释义是个系统性工程，既要努力做到释义正确和义项全面，也要缜密考虑字头跟词条、词条跟词条释义的相互照应和平衡。这不但有助于提高词典的学术水平，也有助于读者弄清词义的由来，进一步理解和掌握词义。作为规范性的现代汉语辞书，不仅应有统一的编纂体例，而且须有科学严密的释义方式，包括标注、括注、标点、例子等都应前后一贯，相互照应，避免相互抵牾、自乱其例现象的出现。

第二节 现代汉语辞书的释义问题

释义是辞书编撰最重要的工作，是辞书成功与否的关键所在。具体来说，释义必须做到准确、简明、概括、严密。由于现代汉语辞书中的不少语词或语素来自古代汉语，而编撰者昧于训诂条例和训诂方法，未能推源溯流，寻绎其构词理据，往往望文生义，因而不可避免地存在着释义错误、释义繁复、释义抵牾等问题。下面以商务印书馆的《现代汉语词典》（第7版）为例，从释义不够确切、释义不够简明、释义缺少照应、括注不合实际四个方面加以论述。

一、释义不够确切

释义正确率的高低决定了语文辞书质量的高下。《现代汉语词典》

历经多次修订，无论是体例的完善，还是释义的改进，都有了长足的进步。但由于词条编撰者忽视或缺乏训诂学知识，《现代汉语词典》中望文生训、以今释古的问题或错误仍不在少数。为方便论述，下面分为误释实语素、误释虚语素、误释成语、误释同义复词四类进行考订。

（一）误释实语素

语素是最小的语音和语义相结合的单位。根据所含意义的虚实，语素可以分为实语素和虚语素。《现代汉语词典》收释的词条，大多由双音节的实语素构成。由于不少语词来自古代，今之辞书编撰者不知其来源或古义，往往用现代汉语的常用义去理解，造成释义错误。

【英名】 名 指英雄人物的名字或名声：～永存｜一世～。（《现代汉语词典》第 1569 页）

此释将"英名"的"英"理解为"英雄人物"，纯属望文生义。通常人们会把那些"本领高强、勇武过人的人"称作英雄或英雄人物，如将古代的岳飞、文天祥、于谦及现当代的杨靖宇、左权、董存瑞、黄继光等誉为英雄或英雄人物，并用"英名"来指称他们的名声，这当无疑义。但那些不以武功闻名的人的名声能否用"英名"来指称呢？请看下面的例子：

1. 荣获过"韬奋出版奖"的前辈陈羽纶，大翻译家丁钟华、严仁曾、袁棣华、欧阳达等已然作古，他们的英名，此后将和福尔摩斯的名字联系在一起，永久被读者念起！（李培禹《福尔摩斯的魅力》，《人民日报》2014 年 11 月 1 日）

2. 在襄阳，同样粪土名利，布衣粗衫，抱朴见素，与诸葛同一时期的还有庞德公，也有李白专门赋诗称道的"孟夫子"孟浩然。汉水苍茫，沧浪濯缨。清水澄碧，汉水有意，洗涤了高士大儒们的尘埃，成就

了他们武功文事，滋润了他们的一世英名。（王必胜《汉水的襄阳》，《人民日报》2014年10月27日）

3. 小小石鼓山之所以英名遐迩，实在是这座其貌不扬的山丘隐藏着中华文明绕不过去的典故，也驱使着各个朝代的文人墨客，跋山涉水来到山前洒酒祭拜，想了却涌动的探幽之情。（阿莹《石鼓山之谜》，《人民日报》2014年8月7日）

从上面的例句可以看出，"英名"一词还可用在文人学者甚至自然山水上。这样，"英名"的"英"还是"英雄"或"英雄人物"之义吗？回答显然是否定的。

我们认为，"英名"的"英"当作美好讲，"英名"就是美名的意思。这有传统训诂为证。《广雅·释诂一》："英，美也。"《文选·嵇康〈琴赋〉》："英声发越，采采粲粲。"李善注引《广雅》曰："英，美也。"《文选·沈约〈宋书谢灵运传论〉》："屈平、宋玉，导清源于前，贾谊、相如，振芳尘于后，英辞润金石，高义薄云天。"吕向注："英，美也。""英名"一词，自古以来就是美名的意思，《三国志·魏志·程昱传》："刘备有英名，关羽、张飞皆万人之敌也，权必资之以御我。"《晋书·李雄载记》："雄大悦，谓淳曰：'贵主英名盖世，土险兵强，何不自称帝一方？'"郑光祖《虎牢关三战吕布》第一折："雄威赳赳志昂昂，各统雄兵镇一邦。罄竭忠心扶汉业，英名赢得远流芳。"这些例句中的"英名"显然是美好的名声之义。当今最大的两本词典也作如此解释，《中文大辞典》曰："令名也，美好之声名也。"《汉语大词典》曰："杰出的名声；美名。"

"英名"的美名义还可从下面句中的加点词得到确认。汉司马相如《封禅文》："俾万世得激清流，扬微波，蜚英声，腾茂实。"《后汉书·崔寔传》："大人少有英称，历位卿守，论者不谓不当为三公。"南朝齐孔稚珪《北山移文》："张英风于海甸，驰妙誉于浙右。"宋陆游《汪叔潜教授挽辞》："江南有奇士，英誉早飞腾。未见心先契，相从气倍增。"这些句中的"英声"、"英称"、"英风"、"英誉"都是美好的名声、美好的声誉之义,是"英名"的同义词。这是"英名"作美名解的有力旁证。

综合分析"英名"一词的古今用例,可以发现其词义始终未发生变化。因此,《现代汉语词典》当以"美好的名声"来解释"英名"。

【翠绿】形 像翡翠那样的绿色:满山～｜～的松林。(《现代汉语词典》第 225 页)

此释把"翠绿"的"翠"释作"翡翠",把"翠绿"理解成偏正结构的词语,不确切。翡翠的颜色不仅仅是绿色,还有红、白、紫等各种色彩。《现代汉语词典》第 378 页"翡翠"条义项②释曰:"玉石,成分是钠和铝的硅酸盐,绿色、蓝绿色或白色中带绿色斑纹,也有红色、紫色或无色的,有玻璃光泽,硬度 6—7,可做装饰品。"可见,将"翠绿"释作"像翡翠那样的绿色"并不科学。

要正确解释"翠绿"一词,应该了解一下"翠"的词义发展。"翠"本是一种羽毛青绿色的鸟。《说文·羽部》:"翠,青羽雀也,出郁林。从羽,卒声。"由翠鸟这一本义可引申指翠鸟的羽毛。《文选·宋玉〈高唐赋〉》:"蜺为旌,翠为盖。"吕延济注:"翠羽为盖。"因翠鸟的羽毛为青绿色,故又可引申指青色、碧色等颜色。《文选·陆机〈文赋〉》:"彼榛楛之勿翦,亦蒙荣于集翠。"张铣注:"翠,青也。"《文选·扬雄〈甘泉赋〉》:"翠玉树之青葱兮,璧马犀之瞵䐗。"吕向注:"翠,碧也。"

从"翠"的上述名词性义项还可引申出鲜艳、鲜明这一形容词义项。《醒世恒言》卷七:"次日,颜俊早起,便到书房中唤家童取出一皮箱衣服,都是绫罗绸绢、时新花样的翠颜色,时常用龙涎庆真饼熏得扑鼻之香,交付钱青行时更换。"这里的"翠颜色"就是鲜艳的颜色之义。陆游《老学庵笔记》卷八的一段记载,可以证明"翠"的这一含义早就有了:"东坡《牡丹诗》云'一朵妖红翠欲流'。初不晓'翠欲流'为何语,及游成都,过木行街,有大署市肆曰'郭家鲜翠红紫铺'。问土人,乃知蜀语'鲜翠'犹言鲜明也。东坡盖用乡语云。"后之学者大多认同这一观点，高似孙《纬略》："翠，鲜明貌，非色也。不然，东坡诗既曰'红'矣，又曰'翠'，可乎？"王应麟《困学纪闻》卷十八："以鲜明为翠，乃古语。"钱大昕《十驾斋养新录》卷十九："《说文》：'濢，新也。'七罪反，与'翠'同音，故谓鲜新为'鲜翠'。"钱锺书则从文学欣赏的角度探讨"翠"字的用法，其《七缀集·读〈拉奥孔〉》认为："'翠'作为颜色而论，在此处虚有其表，不跟实色'红'抵牾或抵消反而烘托得它更射眼。……虚色不是虚设的，它起着和实色配搭帮衬的作用；试把'翠欲流'改为同义的'粲欲流'，那句诗就平淡乏味、黯淡减'色'了。"

钱锺书别出心裁的剖析给人颇多启发，下面试从"'翠欲流'改为同义的'粲欲流'"说起。按照钱锺书的观点，"翠"和"粲"具有同义关系。事实的确如此，《广雅·释诂》："粲，明也。"《诗经·小雅·伐木》："于粲洒扫，陈馈八簋。"毛传："粲，鲜明貌。"当具有鲜明义的"翠"和"粲"组合成"翠粲"一词时，显然就是一个同义复词。《文选·嵇康〈琴赋〉》："新衣翠粲，缨徽流芳。"李周翰注："翠粲，鲜色也。"说的是新衣鲜艳美丽。又作"翠灿"，江淹《空青赋》："翠灿轩室，葱郁台殿。"谓帝王的宫室鲜明亮丽。还可写作爟灿、璀粲、璀璨、璀采、璀彩、璀瑳、璀错、摧错等，诚如吴玉搢《别雅》卷四所言："翠粲、璀翠、璀璨也。……字虽不同，其义一也。"

据此，"翠"的"鲜明"义当无疑义，结合现代汉语的实际用例，我们认为《现代汉语词典》"翠绿"的释义当改为"鲜绿色"。

【判】……②明显（有区别）：～然不同｜～若两人。……（《现代汉语词典》第977页）

《现代汉语词典》的这一义项难以成立。因为古今各种词典都未收"判"的"明显"义，说明文献中根本没有"判"作"明显"讲的用例，此其一。其二，对"判然不同"、"判若两人"这两个用例，需要分别讨论。

先看"判然不同"。该词出自朱熹《朱子语类》卷二十:"若不先见得此人,由心术上言仁,与事物上言仁,判然不同了。"这里的"判"当是"区别,分辨"的意思,与此类似的还有下面两例中的"判"。晋殷仲文《解尚书表》:"宜其极法,以判忠邪。"《元史·崔斌传》:"时世祖锐意图治,斌危言谠论,直指面斥,是非立判,无有所讳。"至于"判然",属于"动词+然"的构词方式。蒋宗许《汉语词缀研究》指出:"'然'主要用作形容词后缀,有时,也和动词配合。当它附缀于动词后时,则使原来的动词变成了形容词。"[①] 据此,"判然"应当是区分明显的样子,而不是"明显(有区别)","判然不同"就是区分明显清楚,完全不相同的意思。类似带有"判然"的成语也应这样理解,如"判然不合"意谓两者区别明显,完全不一致;"判然两途"意谓两者区别明显。

再看"判若两人"。一般的成语词典都将此"判"释为"区别",意思是一个人的言行前后区别就像两个人,如《中国成语大辞典》、《汉语成语辞海》等。《现代汉语词典》虽然没有收释该成语,但收释了结构类似的"判若鸿沟"、"判若云泥"。《现代汉语词典》释"判若鸿沟":"中间像有条鸿沟分开一样,形容界限很清楚,区别很明显。"释"判若云泥":"高低差别好像天上的云彩和地下的泥土的距离那样远,形容差别极大。"可以看出,《现代汉语词典》也是将"判"理解为"区别"、"差别"的。

综上所述,我们认为《现代汉语词典》"判"的第②义项应该修正为"区别,差别"。

【痛惜】 动 沉痛地惋惜:诗人英年早逝,令人~。(《现代汉语词典》第1318页)

此释既不词,也不确切。

[①] 蒋宗许:《汉语词缀研究》,巴蜀书社,2009年,第156页。

先说释义语的不词。在现代汉语里，要形容"惋惜"程度的重或深，通常可以说"很惋惜"、"万分惋惜"、"深深地惋惜"等，不存在"沉痛地惋惜"这种表述。因为"沉痛"是个形容词，表示"深深的悲痛"或"深刻而令人痛心的"①，不能拿来修饰"惋惜"。

再说释义的不确切。按照《现代汉语词典》的解释，"痛惜"的"痛"似乎是"沉痛"的意思。这不正确。《史记·魏其武安侯列传》："上初即位，富于春秋，（田）蚡以肺腑为京师相，非痛折节以礼诎之，天下不肃。"司马贞索隐曰："痛，甚也。"《管子·七臣七主》："奸臣痛言人情以惊主，开罪党以为雠。"尹知章注："痛，甚极之辞。"这里的"甚"、"甚极之辞"就是很、极、非常的意思，因此"痛惜"就是很惋惜、非常惋惜的意思。

痛感、痛悔、痛恨等词语中的"痛"也是副词，有极其、非常的意思，可作"痛惜"应当释为"极其惋惜"的旁证，故《现代汉语词典》"痛惜"的释义应作相应修改。

【卧病】 动 因病躺下：～在床。（《现代汉语词典》第 1378 页）

此释似乎将"卧"理解成了躺、躺下，这让人很困惑："卧病"一定是因病躺在床上吗？请看下面这些古今例子：

1. 白居易《寒食卧病》："病逢佳节长叹息，春雨蒙蒙榆柳色。羸坐全非旧日容，扶行半是他人力。喧喧里巷踏青归，笑闭柴门度寒食。"

2. 李端《卧病寄阎寀》："病中贪好景，强步出幽居。紫葛垂山径，黄花绕野渠。荒林飞老鹤，败堰过游鱼。纵忆同年友，无人可寄书。"

3. 李冶《湖上卧病喜陆鸿渐至》："相逢仍卧病，欲语泪先垂。强劝陶家酒，还吟谢客诗。偶然成一醉，此外更何之。"

4. 林语堂《京华烟云》："立夫到了家，先进屋去看母亲，母亲没

---

① 详见《现代汉语词典》第 160 页"沉痛"条。

有什么改变，然后又去看卧病中的岳母。姚太太正在坐着呼噜呼噜的抽水烟，仍然是发不出一点声音来。"

5. 沈从文《落伍》："我当时正卧病在上海，情形仍如此时一样，不过当时只我一人，住上海法界善钟路一小铺子的楼上。"

例1写自己虽然病得很虚弱，要他人搀扶着走路，但仍有踏青的兴致和能力。例2写自己虽然生病，但因贪恋美景而勉力走出家门。例3写病中的自己因好友到访而饮酒赋诗，宣泄久别重逢的情感。例4写生病的岳母姚太太坐着抽水烟。例5说"卧病在上海"，似乎不能理解为因病躺在上海吧。显然，以上这些例子的"卧病"不能理解为"因病躺下"，换言之，"卧"不是今之常用义躺卧、躺下之义。

其实，要表示生病躺在床上休息，我们通常说"卧病在床"，或者用另一个词"卧床"来表示。《现代汉语词典》之所以出现释义与实际语例不相符合的情况，是因为拿"卧"的常用义来解释"卧病"的"卧"所致。

"卧"是个多义词，有睡眠、休息、停息、倒伏等多种意思，"卧病"的"卧"，窃以为应作养、修养解。《说文》："卧，伏也。"段玉裁注："伏，大徐作休，误。卧与寝异。寝于床，《论语》'寝不尸'是也；卧于几，《孟子》'隐几而卧'是也。卧于几，故曰伏。尸篆下曰：'象卧之形是也。'此析言之耳，统言之则不别。故宀部曰：寝者卧也。《曲礼》云：'寝毋伏'，则谓寝于床者，毋得俯伏也。引申为凡休息之称。"根据段注可知，卧的本义是俯伏、趴伏，可引申为休养、休息之义。这有古注为证。《玉篇》："卧，息也。"《文选·谢灵运〈斋中读书〉》："卧疾丰暇豫，翰墨时间作。"吕延济注："卧疾，养疾也。""卧病"同"卧疾"，故当释为"养病"。

【预卜】 动 预先断定：前途未可～。(《现代汉语词典》第1604页)

此释似将"卜"理解成了"断定"义,不确。各种语文辞书显示,"卜"并无断定义。

我们认为,"预卜"的"卜"是推测、预料的意思。众所周知,古人用火烧灼龟甲取兆以预测吉凶叫"卜",然后引申出推测、预料义。《史记·孙子吴起列传》:"试延以公主,起(吴起)有留心则必受之,无留心则必辞矣。以此卜之。"《三国志·吴志·孙权传》:"以此卜君,君果有辞。"宋孙光宪《北梦琐言》卷五:"卢(卢携)虽人物甚陋,观其文章有首尾。斯人也,以是卜之,他日必为大用乎。"这些书证中的"卜"就是推测、预料的意思。

因此,"预卜"就是预料、预先推测之义。"预先推测"跟"预先断定"有明显的区别,前者侧重于猜测,后者侧重于肯定,不能混为一谈。其实,要表示"预先断定"的意思,通常用"预断"一词,《现代汉语词典》即收有此词。

【狡辩】动 狡猾地强辩:事实胜于～。(《现代汉语词典》第 654 页)

此释似将"狡辩"的"狡"理解成了狡猾的意思,不仅释义不确切,而且释义语也不顺畅。先说释义语,我们知道,"狡猾"意谓诡计多端,不可信任,故多用来形容人的手段和计谋,而不用于人的言辞讲话。语言交际中,通常不用"狡猾地说"、"狡猾地辩解"这样的表述。再看释义,在"狡辩"一词的解释中,有"狡猾"和"强"两个修饰语来限定"辩"字,而且这两个修饰语的意思并不是同义关系。这就让人感到奇怪:在"狡辩"这个特定的语境中,"狡"难道有"狡猾"和"强"两个意思吗?显然,这是不可能的。

我们认为,"狡辩"应释为"强辩",即把释义中"狡猾地"三字删去。"狡"本身有勇、健、强等意思,因而"狡辩"释为"强辩",也符合构词规律。再说,有个跟"狡辩"相近的词叫"诡辩","诡辩"侧重于用迷惑人的言词来为自己辩解,"狡辩"侧重于用强词夺理的方式来为自己辩解。通过对两词的辨析，也可以明了"狡辩"的确切意义。

（二）误释虚语素

虚语素是意义较虚，没有词汇意义的语素，如词缀等。《现代汉语词典》中的词条，虽然大多由双音节的实语素构成，但也存在虚语素构词的情况。由于受逐字释译惯性思维的影响，《现代汉语词典》在解释带有词缀的词条时，往往容易忽略词缀紧紧依附于词根，主要帮助完成双音化的事实，把词缀误作实语素解释，或者将实语素当作词缀理解。

【身家】名①本人和家庭：～性命。②旧时指家庭出身：～清白。③指家产：～过亿。(《现代汉语词典》第1158页)

义项①用拆词解字的方法将"身家"理解为并列式合成词，认为"家"是家庭的意思，并以"身家性命"为例，这不正确。请看下面这些例句：

1. 想想，当飞行在万米高空，身家性命系于机组人员的情况下，一根小小的火柴和香烟，后面会衍生出多少可能性？（朱磊《最好能有"下回分解"》，《人民日报》2014年10月13日）

2. 孙中山出身贫寒，却把自己的身家性命和哥哥的财产全部投入到革命中去；他能够与时俱进，到革命后期，不再提"驱除鞑虏"这样的口号，思想也由旧三民主义向新三民主义转变。（徐怀谦《王朝柱：倾情书写辛亥风云》，《人民日报》2011年9月15日）

3. 那一次执行深潜任务，航行至某海峡时，正遇台风，当时海面风大浪高，很多人晕船呕吐。遇上这样的大风浪天气，操纵难度更大，如果掉深，那就是全艇几十号官兵的身家性命。（江山等《随潜艇老兵闯大洋》，《人民日报》2010年7月23日）

细读以上三个例句，可以看出其中的"身家性命"是自己的性命、自身的生命之义，并不包括家庭在内。换言之，"身家"就是自身、自己的意思，"家"并无实在意义，是一个词缀。

"家"作词缀，前贤时彦早有定论。吕叔湘写于 1949 年的《说代词语尾"家"》一文列举大量近代汉语语料，首次讨论了"谁家"、"我家"、"你家"、"他家"、"人家"、"自家"中的"家"用作词缀的现象，指出"作非领格用，'家'字有点像是赘疣。但是它可以增加一个音缀……"① 王力在《汉语史稿》中认为："'家'也有词尾性质。"② 柳士镇在《魏晋南北朝历史语法》中提出："指示代词之后'家'字的虚化，对于唐代后缀'家'字的形成，应该说是起了促进作用的。"③ 蒋宗许《汉语词缀研究》总结前人成果，进一步明确提出："'家'作后缀，是从'家庭'的实义开始虚化，在魏晋南北朝时渐次形成，成熟于唐代，以附于代词、名词后为常。"④ 可见，"家"可作词缀已成为学术界的共识，《现代汉语词典》本身也在"家"字头下列有"后缀"这一释义，其所收释的"洒家"、"奴家"、"咱家"、"自家"等词条中的"家"都属于后缀。而"身家"实际上义同"自家"，因为"身家"的"身"就是自己的意思。因此，"身家"的义项①当改释为"代自己。家，后缀：～性命"。

【有碍】动 有所妨碍：～观瞻（看了印象不好）｜街头小广告～市容。（《现代汉语词典》第 1588 页）

此释似将"有"理解为动词"有所"。"有所"是"有一定程度"的意思⑤，"有所妨碍"则是"有一定程度的妨碍"之义，以此验诸"有

---

① 吕叔湘：《汉语语法论文集》，科学出版社，1955 年，第 169 页。
② 王力：《汉语史稿》中册，中华书局，1980 年，第 232 页。
③ 柳士镇：《魏晋南北朝历史语法》，南京大学出版社，1992 年，第 176 页。
④ 蒋宗许：《汉语词缀研究》，巴蜀书社，2009 年，第 246 页。
⑤ 《现代汉语规范词典》第 1590 页"有所"条，《现代汉语词典》未收释"有所"。

碍"条所举例子"有碍观瞻"、"街头小广告有碍市容"以及媒体上的"有碍"语句,甚感不妥。

其实,"有碍"的构词形式跟"有辱"、"有违"、"有劳"等相同,"有"是词缀,没有实在意义。《现代汉语词典》第1588页"有"字头第⑧义项:"用在某些动词的前面组成套语,表示客气:～劳｜～请。"第⑨义项:"〈书〉前缀,用在某些朝代名称的前面:～夏｜～周｜～宋一代。"这两个义项已经指出了"有"字用作前缀的事实,只是还不够明确和全面。在汉语史上,"有"字用作前缀主要有三种情况:第一种是名词前缀,主要用在国名、族名、物名等名词的前面,如《现代汉语词典》"有"字头第⑨义项所举即是。第二种是形容词前缀,主要用在形容词的前面,如《诗经·郑风·女曰鸡鸣》"明星有烂"的"有"即是。① 第三种是动词前缀,主要用在动词的前面,如《现代汉语词典》"有"字头第⑧义项所举的"有劳"、"有请"的"有"即是,只是不能绝对地认为是"表示客气",因为"有辱"、"有违"、"有玷"等词亦属此类。因此,"有碍"宜改释为"动妨碍。有,前缀"。

【载²】〈书〉又;且:～歌～舞。(《现代汉语词典》第1630页)
【载歌载舞】又唱歌,又跳舞,形容尽情欢乐。(《现代汉语词典》第1630页)

此二释将"载歌载舞"中的"载"理解为连词"又;且",这不正确。与"载歌载舞"形式相同的固定短语还有"载驰载驱"、"载欢载笑"、"载沉载浮"。"载驰载驱"出自《诗经·鄘风·载驰》,"驰"、"驱"二字意义相近,意为"奔驰,前进",《汉语大词典》对这个固定短语的解释为"谓车马疾行"。"载欢载笑"出自陈琳《答东阿王笺》,"欢"、"笑"二字意义相近,《汉语大词典》对这个固定短语的解释是"形容尽情地欢笑"。"载沉载浮"出自《诗经·小雅·菁菁者莪》,

---

① 这一类主要出现在古典文献中,《现代汉语词典》不立义项也可理解。

"沉"、"浮"二字意义相对，此固定短语意为"在水中上下沉浮"。若将这三个固定短语理解成"又驰又驱"、"又欢又笑"、"又沉又浮"，显然不符合其真正的意义。

我们认为，"载 A 载 B"这种形式的短语，其意义来源于"A"、"B"两字，"载"字并无实在意义，是一个词缀。

"载"作词缀，最早出现在《诗经》里，共有 22 例（除去相同者）。毛亨最早对"载"的这种用法进行了揭示，如"载驰载驱，归唁卫侯"，《毛传》曰："载，辞也。"陈奂《诗毛氏传疏》亦曰："载者，发语词也。"后世学者也大多赞同毛、陈的说法。朱广祁在《〈诗经〉双音词论稿》中认为，"载"字"常与动词结合，或者只作足句的衬字。因为它们只在字数不足的句中使用，语法作用不明显，应当看作衬字"①。蒋宗许在《汉语词缀研究》中进一步指出："这种'载'字，它的词汇意义已完全虚化，在组合上非常规范，基本上是用于动词之前，从而与动词词根组成一个双音节的音步。应是前缀无疑。"② 可见，"载"作词缀已成为学界的共识，它可分别放在两个单音节的动词或形容词前面，来满足四言短语的需要。"载歌载舞"意为人们纵情歌舞，用来形容尽情欢乐；"载驰载驱"意为车马行进；"载欢载笑"意为尽情地欢笑；"载沉载浮"意为在水中上下沉浮。因此，《现代汉语词典》"载²"应改释为"前缀：～歌～舞"。"载歌载舞"应改释为"形容尽情欢乐"。

【言归于好】彼此重新和好。（《现代汉语词典》第 1506 页）

词典此释义似将"言"释作"彼此"的意思，但所有词典在"言"字下皆不收"彼此"义，这就易使读者产生困惑。另外，《现代汉语词典》第 68 页对"彼此"的解释为：代 人称代词。①那个和这个；双方：不分～｜～互助。②客套话，表示大家一样（常叠用作答话）："您

---

① 朱广祁：《〈诗经〉双音词论稿》，河南人民出版社，1985 年，第 88 页。
② 蒋宗许：《汉语词缀研究》，巴蜀书社，2009 年，第 88 页。

辛苦啦!""~~!"但"言归于好"在实际使用中,并不只指双方的情况。比如下面这几个例句:

1. 就像法国《费加罗报》所说,"奥巴马的'颜色'赋予了他与众不同的使命,他将完成两种征服——使美国的各种族言归于好,让美国与世界达成和解"。(朱磊《一个美国黑人的权力之路》,《环球时报》2008年11月6日)

2. 这既表明了非洲兄弟国家之间深明大义,不念旧恶,言归于好,也标志着备受国际社会广泛关注的刚果(金)和平进程迈入了一个崭新的阶段,从而为这个国家全面恢复和平、促进经济发展带来了希望。(黄泽全《化干戈为玉帛》,《人民日报》2002年10月12日)

3. 这些天以来,我一直在为戴高乐而争,并千方百计地设法使各派法国人言归于好。(温斯顿·丘吉尔《第二次世界大战回忆录:命运的关键》)

这三个例子中,"言归于好"的主语分别是"美国的各种族"、"非洲兄弟国家之间"、"各派法国人",都是属于三方及三方以上的。基于以上两点,我们认为《现代汉语词典》对"言归于好"的释义不妥。

其实,"言归于好"的"言"是一个词缀,无实义。"言归于好"出自《左传·僖公九年》:"凡我同盟之人,既盟之后,言归于好。"杨伯峻《春秋左传注》(修订本)曰:"言为语首助词。"也就是说,"言"在该词中无义,只是为了满足四言短语的需要。与"言归于好"同样用法的有《诗经》"言告师氏"、"言至于漕"、"言观其旂"等。朱熹《集传》:"言,辞也。"陈奂《诗毛氏传疏》:"言,语词。"刘淇《助字辨略》:"诸言字并是语助,不为义也。"以上诸家所说的"言"为语首助词、辞、语词、语助等,与我们现在认为的"言"作前缀是一致的。王力在《汉语史稿》中提道:"和名词一样,上古汉语动词也有类似词头的前加成分。最常见的是'爱'、'曰'、'言'三个字。"① 蒋宗许在《汉语词缀研究》中认为，后世模仿《诗经》将"言"解作"我"，显得或累赘，或不伦的"这种语言事实从另一个角度说明了古人是认为《诗经》中的'言'是一个音节成分才会有如是的袭用或模仿的"②。他还补充道："更何况有不少'言'、'然'、'焉'异文的支撑，如上所举的'言'、'载'互文的对应。"③ 由此看来，将"言归于好"的"言"看作没有实在意义的词缀是恰当的，《现代汉语词典》（第 7 版）"言归于好"应改释为"重新和好，言是词缀"。

【非】……⑤前缀。用在一些名词性成分的前面，表示不属于某种范围：～金属｜～晶体｜～处方药。（《现代汉语词典》第 375 页）

词典此释义将用于"非金属"、"非晶体"、"非处方药"中的"非"释作前缀，表示不属于某种范围。这不正确，因为这里的"非"不是词缀。我们可以从音和义两个方面来论证。

让我们先从音的角度来谈。孙雍长《〈楚辞〉中词的后缀问题》一文认为，"在语言中，是否具有词的相对独立性，是辨别词和词缀的基本依据"，"词的后缀因为不是独立形式的词，所以在它和词根之间是不容许作语音停顿的"④。蒋宗许《汉语词缀研究》认为孙雍长"提出语音停顿的问题，可以说是切中了词缀判别的核心定义之一"⑤。而非金属、非晶体、非处方药等词中的"非"都与后面的名词之间有语音停顿。可见，这一类的"非"违背了词缀判别的读音定义。

我们再从义的角度来讲。对于汉语词缀的意义虚化问题，有不少汉语研究工作者谈到，并普遍认同汉语词缀的词汇意义应是高度虚化的。

---

① 王力：《汉语史稿》中册，中华书局，1980 年，第 299 页。
② 蒋宗许：《汉语词缀研究》，巴蜀书社，2009 年，第 97 页。
③ 蒋宗许：《汉语词缀研究》，巴蜀书社，2009 年，第 97 页。
④ 孙雍长：《〈楚辞〉中词的后缀问题》，《中国语文》，1982 年第 3 期。
⑤ 蒋宗许：《汉语词缀研究》，巴蜀书社，2009 年，第 51 页。

如郭良夫特别强调词缀意义的有无和能产的程度，他在《现代汉语的前缀和后缀》一文中说："前缀、后缀，是虚语素。换句话说，实语素，即仍保留着原来的词汇意义的，就不是前缀、后缀。实际上，有的语素，既是实的，又是虚的。这就是说，同一个语素，当作实语素用的时候，它还保留着原来的词汇意义，当前缀、后缀用的时候，它是虚语素，只表示语法功能，不表示具体的词汇意义。"① 而非金属、非晶体、非处方药等词中的"非"明显是有实在的词汇意义的，是"不是"的意思。因此，这一类词中的"非"不符合词缀意义虚化的特点。

由此可见，《现代汉语词典》"非"的义项⑤难以成立，当删去。

（三）误释成语

成语是习用的言简意赅的固定短语或短句，是现代汉语词汇的重要组成部分，也是《现代汉语词典》不可或缺、着力收释的重要内容。由于成语大多来自古代，其中的部分语素，或用的是古义，或用的是僻义，给今人的正确理解带来了不少困难。如果辞书编撰者掉以轻心，望文生义，则极易造成成语释义的模糊甚至错误。

【宠辱不惊】受宠或受辱都不为所动，形容对得失不在乎。（《现代汉语词典》第 183 页）

《现代汉语词典》"宠"字下只收有"宠爱；偏爱"、"姓"两个义项，此处用"受宠"来解释"宠"，似乎将"宠辱不惊"的"宠"理解成了"宠爱"的意思。持此观点的还有《汉语大词典》、《中国成语大辞典》、《当代汉语词典》等众多词典。但细加玩味，仍有未安。试想，"宠爱"的反义词为厌恶、嫌弃、讨厌等，"耻辱"的反义词是光荣、荣耀、光彩等，两者难以构成词义的相反或相对。此外，"宠爱"是上对下的喜爱，语义偏在一隅，而"耻辱"并无上下之分。若将"宠辱不

---

① 郭良夫：《现代汉语的前缀和后缀》，《中国语文》，1983 年第 4 期。

惊"的"宠"理解为宠爱,"宠"、"辱"二字的词义就不相对,不符合成语的结构要求。

那么,"宠辱不惊"的"宠"到底该如何解释呢?

首先,从"宠"的词义来看,本指高大的房屋,《说文解字·宀部》:"宠,尊居也。"段玉裁《说文解字注》:"引申为荣宠。"的确,由"宠"的"尊居"义可以引申出"尊荣,荣耀"之义。《字汇·宀部》:"宠,尊荣也。"《尚书·周书·周官》:"居宠思危,罔不惟畏,弗畏入畏。"孔传:"言虽居贵宠,当思危惧。"《国语·楚语上》:"赫赫楚国,而君临之,抚征南海,训及诸夏,其宠大矣。"韦昭注:"宠,荣也。"《史记·赵世家》:"为人臣者,宠有孝弟长幼顺明之节,通有补民益主之业,此两者臣之分也。"张守节正义:"宠,贵宠也。""宠"的这一引申义已被当代各种词典所收录,如目前最大最权威的《汉语大字典》和《汉语大词典》就分别收录了"荣耀"和"贵宠;荣耀"这一义项。

其次,"宠"的"荣耀"义也可从"宠荣"、"荣宠"等同义复词中得到验证。晋庾亮《让中书令表》:"夫富贵宠荣,臣所不能忘也;刑罚贫贱,臣所不能甘也。""宠荣"与"贫贱"相对,当为"荣耀"义无疑。"宠"即"荣","宠荣"为同义复词。因是同义复词,故可倒序成"荣宠"。清陈天华《猛回头》:"若是战死了,都到死者家里庆贺,这家也就不胜荣宠,全无哀戚的心思。"这里的"荣宠",也是荣耀的意思。

最后,"宠"的"荣耀"义还可从一些相关成语中得到旁证。如众所周知的成语"哗众取宠",又作"哗众攫荣",宋魏了翁《鹤山文集》卷八二:"苟以哗众攫荣者,不惟浅之待人,亦薄乎处已矣。"成语"哗世取宠",又作"哗世取荣",宋朱熹《朱文公文集》卷十二:"使览者有以知夫学之有统,道之有归,而不但为文字之空言,以哗世取宠而已也。"清林伯桐《修本堂稿》卷四:"彼剽剥儒墨,空谈性命,皆欲哗世取荣,而文艳用寡,言清行浊,读未终篇,颓尔如委矣。"今之常用语"宠辱与共"又作"荣辱与共","宠辱不惊"又作"荣辱不惊"。在以上各组异形同义成语中,"宠"与"荣"相对成文,"宠"显然就是荣、荣耀之义。因此,《现代汉语词典》"宠辱不惊"应当解释为"无论是获得荣耀还是遭受屈辱都不动心。形容不计较荣辱得失"。

【经年累月】经历很多年月,形容时间很长:他是个海员,～在海上。(《现代汉语词典》第686页)

词典似将"经年累月"的"经"理解为动词"经历"了,这样会使读者误以为"经年累月"是动宾结构。其实,"经年累月"属于并列关系,"年"与"月"相对为文,"经"与"累"相对为文。根据对文结构可以推知,"经"字应该与"累"字同义或近义。

那么,"累月"的"累"是什么意思呢?我们从"累夜"、"累日"、"累旬"、"累年"、"累岁"、"累世"、"累代"这些跟"累月"结构相同的语词可以看出,"累"是连续的意思,"累月"即连续数月的意思。古代文献就有这样的用法,王鉴《劝元帝亲征杜弢疏》:"去年已来,累丧偏将……"杜甫《赠卫八处士》诗:"主称会面难,一举累十觞。"《水浒传》第二回:"朱武哭道:'小人等三个累被官府逼迫,不得已上山落草。'"《汉语大字典》、《汉语大词典》等工具书也收有此义项。

"经年累月"的"累"既然是连续义,相对应的"经"应该就是"常"的意思。《文选·嵇康〈与山巨源绝交书〉》:"然经怪此意尚未熟悉于足下,何从便得之也。"李善注:"言常怪足下何从而便得吾之此意也。"陈叔宝《洛阳道》:"台上经相识,城下屡逢迎。""经"与"屡"对文,也是常常义。元杨显之《潇湘雨》第四折:"想必你不经出外,早难道惯曾为旅。"这些古典用例是有力的证据。另外,从"常年累月"、"长年累月"、"连年累月"等相似成语也可看出,"经"应该是常的意思。因此,"经年累月"应改释为"长年累月的意思,形容时间长久"。

【肆无忌惮】任意妄为,没有一点儿顾忌。(《现代汉语词典》第1242页)

《现代汉语词典》"肆[1]"下释曰:"不顾一切,任意妄为。"可见词典是将"忌惮"理解为"顾忌"的。这不确切。

"忌惮"的"惮"是畏惧、害怕的意思,古今辞书都这样解释,应无疑义。"忌惮"的"忌",跟"惮"的意思相同,也是畏惧之义。《广雅·释诂》:"忌,恐也。"《玉篇·心部》:"忌,畏也。"《诗经·大雅·桑柔》:"匪言不能,胡斯畏忌?"清陈奂《诗毛氏传疏》曰:"忌,犹惮也。"不仅古注有不少这样的解释,在实际语言表达上也不乏这样的用例。晋潘岳《射雉赋》:"忌上风之餐切,畏映日之儵朗。"唐白居易《采诗官》:"贪吏害民无所忌,奸臣蔽君无所畏。"这两例中的"忌"跟"畏"相对成文,显然也是畏惧的意思。因而"忌惮"当属同义复词,义为"畏惧"、"害怕"。《现代汉语词典》"肆无忌惮"条的释义宜修改为"任意妄为,没有丝毫畏惧"。

【漆黑一团】①形容非常黑暗,没有一点儿光明:屋里~。……(《现代汉语词典》第1022页)

词典的释义易使读者误解"漆"是"非常"的意思。事实上,"漆"并无非常之义。"漆黑"就是黑、黑暗的意思,是一个同义复词。

先看"漆"的黑义。《周礼·春官·巾车》:"漆车、藩蔽、犲襖、雀饰。"郑玄注:"漆车,黑车也。"孟郊《吊卢殷十首》之七:"初识漆鬓发,争为新文章。"曹禺《雷雨》第一幕:"他穿一件藏青的绸袍,西服裤,漆皮鞋。"这几例中的"漆"就是黑的意思。

当表示黑的"漆"跟"黑"组合在一起时,就构成了同义复词"漆黑",表示事物之黑。孙樵《祭梓潼神君文》:"冻雨如泣,滑不可陟,满眼漆黑,索途不得。"苏轼《赠潘谷》诗:"布衫漆黑手如龟,未害冰壶贮秋月。"《二十年目睹之怪现状》第五十四回:"上院的时候,先把乌须药拿头发染的漆黑。"冰心《两个家庭》:"漆黑的眼睛,绯红的腮颊,不问而知是闻名未曾见面的侄儿小峻了。"

成语"漆黑一团"又可写作"黑漆一团",巴金《谈〈秋〉》:"但是作为读者，我受不了那接连不断的黑漆一团的结尾。"杨沫《青春之歌》第一部第六章："可是社会和家庭一样，依然到处发着腐朽霉烂的臭味，黑漆一团。"根据同义复词词序往往可颠倒的特点，我们可以进一步判定，"漆黑一团"的"漆黑"当是同义复词。故《现代汉语词典》对"漆黑一团"的解释应删去"非常"二字。

另外，《现代汉语词典》在词条"漆黑一团"上还收释了"漆黑"一词："①颜色非常黑：～的头发。②非常暗，没有光亮：～的夜｜洞内一片～。"同样，释义语中的"非常"二字也应删去。

【门庭若市】门口和庭院里热闹得像市场一样，形容交际来往的人很多。(《现代汉语词典》第892页)

此成语出自《战国策·齐策一》："令初下，群臣进谏，门庭若市。"今天的中学语文教材大多以《邹忌讽齐王纳谏》为篇题加以收录。《现代汉语词典》用"门口和庭院"来对释"门庭"，将"门庭"一词理解成了并列结构的词语①，这不正确。

我们先从《战国策》"门庭若市"一词说起。联系"群臣进谏"、"此所谓战胜于朝廷"等上下文，可以判定"门庭若市"的"门庭"应是朝廷的意思。"令初下，群臣进谏，门庭若市"，是指齐威王发布命令以后，众大臣纷纷上朝提意见，使得朝廷像集市一样热闹。

"门庭"的"朝廷"义可以从下面三个例子得到证明。

1.《墨子·尚贤上》："逮至远鄙郊外之臣、门庭庶子、国中之众、四鄙之萌人闻之，皆竞为义。"

2.《三国志·蜀书十一》："后群臣议欲推汉中王称尊号，(费)诗上疏曰：'殿下以曹操父子逼主篡位，故乃羁旅万里，纠合士众，将以讨贼。今大敌未克，而先自立，恐人心疑惑。昔高祖与楚约，先破秦者

---

① 《现代汉语词典》"门庭"义项①释为"门口和庭院：洒扫～｜～若市"。

王。及屠咸阳，获子婴，犹怀推让，况今殿下未出门庭，便欲自立邪！愚臣诚不为殿下取也。'由是忤指，左迁部永昌从事。"

3.《旧唐书·本纪第八》："乙亥，制曰：'朕君临宇内，子育黎元。内修睦亲，以叙九族；外协庶政，以济兆人。勋戚加优厚之恩，兄弟尽友于之至。务崇敦本，克慎明德。今小人作孽，已伏宪章，恐不逞之徒，犹未能息。凡在宗属，用申惩诫：自今已后，诸王、公主、驸马、外戚家，除非至亲以外，不得出入门庭，妄说言语。所以共存至公之道，永协和平之义，克固藩翰，以保厥休。贵戚懿亲，宜书座右。'"

例1中的"门庭庶子"，孙诒让《墨子间诂》引郑玄注曰："王宫之士，谓王宫中诸吏之適子也。庶子，其支庶也。"郑玄将"门庭"释作"王宫"，显然就是朝廷义。例2是写曹丕称帝后，刘备也有心登基为帝，并得到了众多大臣的支持和拥护，偏偏费诗不愿投其所好，硬要上疏反对，劝刘备不能在未脱离汉室的情况下就自称尊号。这里的"门庭"自然也是朝廷义。例3是唐玄宗颁布的诏令，其中的"门庭"明显也是朝廷的意思。

"门庭"之所以有朝廷的意思，跟古代宫城的规划和朝廷的仪制密不可分。西周时的宫廷，天子为五门三朝制，诸侯为三门三朝制。"五门"指皋门、库门、雉门、应门、路门，"三门"指库门、雉门、路门。五门或三门中设三朝，由外而内，分别是举行重大仪式和政治活动的外朝、处理日常政务的内朝、起居生活的燕朝。正如黄金贵《古代文化词义集类辨考》所说："诸侯在皋门与雉门间，天子在皋门与应门间，均为大块宽阔空地，是露天的廷院（两旁均有围墙），故又称外廷、大廷。"这一大块称作"外廷"的宽阔空地，是群臣朝见君主的地方，即今天说的朝廷。张自烈《正字通》曰："廷，古者廷不屋，诸侯相朝，雨沾衣失容则废，后世始屋之，故加广，廷、庭实一字也。"段成式《西阳杂俎续集》卷三的一段记载可证此言非虚："旧制，群臣立于殿庭，既而遇雨雪，亦不移步于廊下。忽一旦，密雪骤降，自三事以下，莫不振其簪裾，或更其立位。独（韦）斌意色益恭。俄雪甚至膝。朝既罢,斌于雪中拔身而去,见之者咸叹重焉。"可见,早期的"廷"(庭)只是殿前一大块没有屋顶的露天庭院。

因此,"门庭若市"的"门庭",若据字面解释,当为"宫门相对处的庭院"①,而不是"门口和庭院"。简言之,"门庭"是偏正关系,而非并列关系。它是群臣参拜君王的处所,所以能够将其概括为朝廷。至于宫廷之外、民居的"门庭",也应理解为"门内堂前的露天空地",不能望文生义地解释为"门口和庭院"。因而《现代汉语词典》"门庭"义项①和"门庭若市"的释义都应作相应修改。

【恶贯满盈】作恶极多,已到末日。(《现代汉语词典》第341页)

此成语的解释,虽然大致无误,但没能落实字词"恶贯"和"满盈",不便读者正确理解。下面分述之。

先说"恶贯"。"恶"是罪恶的意思,当无异议。"贯"是什么意思呢?《现代汉语词典》的解释似乎看不出来。其实,"贯"也是罪恶的意思。《韩非子·说林下》:"有与悍者邻,欲卖宅而避之。人曰:'是其贯将满矣,子姑待之。'答曰:'吾恐其以我满贯也。'遂去之。"陈奇猷集释:"《书·泰誓》'商罪贯盈',谓商罪满盈也。引申之,则凡罪恶满皆谓之贯,再引申之,则凡罪恶皆曰贯。"陈奇猷指出了"贯"之罪恶义的由来。《左传·宣公六年》:"使疾其民,以盈其贯,将可殪也。"这句话中的"贯"也是罪恶的意思。正因为"贯"有罪恶义,故可跟同义语素"罪"、"恶"等构成同义复词"罪贯"、"贯恶"、"恶贯"。孟称舜《死里逃生》第三折:"恶僧罪贯已满,杨生难运已过。"杨亿《君可思赋》:"俟贯恶之既盈,将幽神而共弃。"《大金吊伐录》卷四:"殆恶贯之既盈,蹈覆车而不戒。"

再来看"满盈"。"盈"有"满"之义。《广韵·清韵》:"盈,满也。"《诗·召南·鹊巢》:"维鹊有巢,维鸠盈之。"毛传:"盈,满也。"

---

① 《周礼·天官·阍人》:"掌埽门庭。"郑玄注:"门庭,门相当之地。"

《诗·小雅·蓼莪》："瓶之罄矣,维罍之耻。"郑玄注:"瓶小而尽,罍大而盈。"孔颖达疏:"盈者,满也。"《尚书·周书·泰誓上》:"商罪贯盈,天命诛之。"蔡沈集传:"盈,满也。"显然,"盈"和"满"具有同义关系,能够组合成同义复词"盈满"。《后汉书·方术传上·折像》:"吾门户殖财日久,盈满之咎,道家所忌。"岳飞《辞例赐银绢札子》:"伏望圣慈,俯垂睿照,收还所赐银绢,庶使稍安分量,不至盈满。"袁枚《随园随笔·诸史》:"道家戒盈满,祸或不免,然司空功名盖世,如死得所,亦不相负。""满盈"是"盈满"的倒序词,自然也属于同义复词。

因此,《现代汉语词典》"恶贯满盈"的解释宜改为"罪恶累累,形容罪大恶极",所谓"已到末日"显系蛇足,可删。

【沧海一粟】大海里的一颗谷粒,形容非常渺小:群众智慧无穷无尽,个人的才能只不过是~。(《现代汉语词典》第127页)

"沧海一粟"出自苏轼《前赤壁赋》:"寄蜉蝣于天地,渺沧海之一粟。"一般的工具书都像《现代汉语词典》那样把"粟"解释为"谷粒"。一颗谷粒跟大海相比确实非常渺小,但是两者缺少内在联系,硬将它们牵扯在一起显得不合情理。如要跟大海对比,"一颗谷粒"不如"一浮萍"①、"一波"②、"一滴"③ 等更自然恰切,因而"沧海一粟"的"粟"不应用常用义"谷粒"来解释。

在传统文献中,"粟"常可用来指细小之物。《山海经·南山经》:"英水出焉,西南流注于赤水,其中多白玉,多丹粟。"王建《宫词》之三四:"粟金腰带象牙锥,散插红翎玉突枝。"杨万里《昌英叔门外小树木犀早开》:"旋开三两粟,已作十分香。"以上的"丹粟"指丹砂,"粟

---

① 唐白居易《和思归乐》:"太仓一稊米,大海一浮萍。"
② 宋李石《与景浚卿书辩德行堂铭》:"乃复之全体,若乔岳沧海;其一又如岳之一石,海之一波。"
③ 明程开祜《筹辽硕画》卷四二:"以此二万六百余而入于司农之帑,诚沧海一滴,岱岳一尘。"

金"指金粒,"三两粟"指初开的木樨花,其中的"粟"字都是形容细小。在苏轼的作品中,也不乏这种用法。《荔支叹》:"君不见武夷溪边粟粒芽,前丁后蔡相笼加。""粟粒芽"指细小的芽。《雪后书北台壁二首》(其二):"冻合玉楼寒起粟,光摇银海眩生花。""寒起粟"指肌肤因寒冷而出现了细小的鸡皮疙瘩。

因此,《现代汉语词典》的释义"大海里的一颗谷粒"宜改为"大海里的一点细小东西"。

【白驹过隙】白马在细小的缝隙前一闪而过,形容时间过得飞快(语本《庄子·知北游》)。(《现代汉语词典》第 25 页)

诚如词典所提示的,成语"白驹过隙"语出《庄子·知北游》,原文曰:"人生天地之间,若白驹之过隙,忽然而已。"这里的"白驹",不能照字面解释为"白马"或"白色的骏马","白马在细小的缝隙前一闪而过"的说法非常不合情理。

陆德明《经典释文·庄子》:"白驹,或云日也。"《汉书·魏豹列传》:"人生一世间,如白驹过隙。"颜师古注:"言其速疾也。白驹,谓日景也。"可见,"白驹过隙"的"白驹"应该是日光、阳光的意思。陈鼓应《庄子今注今译》就是这样翻译"白驹过隙"的,即"阳光掠过空隙"。

阳光穿过缝隙转瞬而逝,象征时间过得飞快,故前人往往用"白驹"来比喻流逝的时间。杜甫《秋日荆南述怀三十韵》:"星霜玄鸟变,身世白驹催。"明无名氏《鸣凤记·夏公命将》:"睹此白驹弹指,岂堪华发蒙头。"王横《哭子美》诗:"白驹惊电驰,人生本如寄。"因此,《现代汉语词典》"白驹过隙"之"白驹"的释义当作修改。

【两小无猜】男女小的时候在一起玩耍,天真烂漫,没有猜疑。(《现代汉语词典》第 817 页)

"猜疑",《现代汉语词典》释曰:"起疑心;对人对事不放心。"如此,将"两小无猜"的"猜"理解为"猜疑",似乎不太符合青梅竹马的小男女相处的情状。

众所周知,"两小无猜"语出李白《长干行》:"同居长干里,两小无嫌猜。"其中的"嫌猜"属于同义复词。先说"猜",《后汉书·张衡传》:"于心有猜,则簋飧馈饷犹不屑餐。"李贤注:"猜,嫌也。"再说"嫌",《说文·女部》:"嫌,疑也。"《礼记·坊记》:"夫礼,坊民所淫,章民之别,使民无嫌,以为民纪者也。"郑玄注:"嫌,嫌疑也。"《管子·君臣下》:"明男女之别,昭嫌疑之节,所以防其奸也。"《古今小说·李秀卿义结黄贞女》:"但在先有兄弟之好,今后有男女之嫌,相见只此一次,不复能再聚矣。"这里说的"男女之别"、"男女之嫌"就是中国封建礼教所强调的男女授受不亲的道德伦理,即男女之间要避免给人产生暧昧的嫌疑。可见同义复词"嫌猜"就是嫌疑的意思。

因此,《现代汉语词典》"两小无猜"的"猜"应解释为"嫌疑","无猜"就是"没有避忌男女嫌疑"的意思。

【名列前茅】名次列在前面(前茅:春秋时代楚国行军,有人拿着茅当旗子走在队伍的前面)。(《现代汉语词典》第912页)

词典似将"茅"理解成了"茅草",这不妥。

"名列前茅"语出《左传·宣公十二年》:"军行,右辕,左追蓐,前茅虑无,中权、后劲。"春秋时期,晋楚争霸,士会分析晋楚两军形势时讲述了这句话。在军队出行时,前后左右的军队各司其职,其中,前军是先头部队,负责探道开路,需要用标志信号将消息传递给大部队,以便中军策划斟酌、后军蓄势待发。《礼记·曲礼》:"前有水,则载青旌;前有尘埃,则载鸣鸢;前有车骑,则载飞鸿;前有士师,则载虎皮;前有挚(鸷)兽,则载貔貅。"这里的"载",就是在旌旗头上放标志物,若遇敌情就举旗示警。再如《通典》卷一五四引《卫公兵法》说:"简练士卒,申明号令,晓其目以麾帜,习其耳以鼓金。"其主要内容是外出行军时,先行的候骑会拿着五色旌旗,举黄旗表明遇到了沟坑,举赤旗表示遇到了野火,后军会击五声鼓来响应。同理,"名列前茅"的"茅"就是充当了这样的标志信号的作用。

清王引之《经义述闻》卷二四云:"茅为草名,旄则旗章之属。二者绝不相涉,何得称茅以旄乎?"可见将"茅"释为"茅草"是错误的,"茅草"并不能作为示警的标志信号,原因如下。首先,茅草易折断损耗。茅草茎长,所以能够用手执,但茅草重量轻,在艰难的行军路上很容易毁坏。唐杜甫《茅屋为秋风所破歌》的"八月秋高风怒号,卷我屋上三重茅"就描述了茅草被疾风吹散的情景。军队在外行军打仗,会遇到各种恶劣天气,如果遇疾风、大雨、狂雪,茅草不易被妥善保护,很容易被折断、毁坏。其次,茅草不能够很好地为绵延的军队起到警示作用。茅草细长,虽然顶端有白色的柔毛,但是颜色寡淡,行军路上的军队绵延数里或数十里,难以保证后面的军队能看到茅草的警示信息。

事实上,"茅"通"旄",指竿顶用牦牛尾装饰的旗子。"旄"的本义为旌旗。《说文·㫃部》:"旄,幢也。"段玉裁注:"以犛牛尾注旗杆,故谓此旗为旄。"《淮南子·原道训》:"傅旄象。"高诱注:"旄,旌也。"《文选·虞羲〈咏霍将军北伐诗〉》:"拥旄为汉将。"李周翰注:"旄,旌旗也。"《文选·扬雄〈甘泉赋〉》:"流星旄以电烛兮。"张铣注:"旄,以牛尾为之,饰以星文,其光如电,悬于竿上以指挥也。"

由上可见,"名列前茅"的"茅"通"旄",表示用牦牛尾在竿顶做装饰的旗子。《现代汉语词典》应予指明,以帮助读者正确掌握这个成语。

【求全责备】苛责别人,要求完美无缺:对人不~。(《现代汉语词典》第 1074 页)

此释容易误导读者,以为"求全责备"的"责"是苛责的意思。

其实,"求全责备"是一个结构非常对称的成语。"求"、"责"相对为文,要求的意思;"全"、"备"相对为文,完备的意思。此成语源自宋刘克庄《代谢西山启》:"窃谓天下不能皆绝类离伦之材,君子未尝持求全责备之论。"《成语源流大词典》、《汉语大词典》等权威工具书都释作"对人对事要求完美无缺",可谓确切无误。因而《现代汉语词典》应删去容易给人误解的"苛责别人"一语。

【落荒】动 离开大路,向荒野逃去(多见于早期白话):～而逃。(《现代汉语词典》第863页)

"落荒"是成语"落荒而走"、"落荒而逃"的省称。目前各种语文工具书的解释跟《现代汉语词典》的释义基本相同,都把"落荒"的"荒"解释成荒野,犯了望文生义的错误。

首先,从成语的内容来看,"落荒而走"一般用以描写战争中失败的一方。当描写脱离本营独自与敌战至失败时,说"向荒野逃去"似乎还讲得过去。但如果描写两军对垒时一方战败而逃,说向荒野逃跑就有点匪夷所思,应该是逃回本军的营垒才是。因为败军之将若逃向荒野,反倒更有被追上擒获或被杀死的可能。请看下面的例句:

1. 栾廷玉卖个破绽,落荒即走。秦明舞棍逐赶将去。栾廷玉便望荒草之中跑马入去。(施耐庵《水浒传》第四十八回)
2. 邺天庆暗想:"你的本领,我岂惧你?只是纵跳利害,少不得结果了你。若在此处相持,他有剑客相帮,不如待我诈败下去。"且战且走,转过前面山坡,却不走进城大路,从东边山路落荒而走。焦大鹏不知好歹,果然中了奸计,看看追入山凹,约有十里之遥。(唐芸洲《七剑十三侠》第五十八回)
3. 玄德自思无路可归,想袁绍有言:"倘不如意,可来相投",今不若暂往依栖,别作良图;遂望青州路而走,正逢李典拦住。玄德匹马落荒望北而逃,李典掳将从骑去了。(罗贯中《三国演义》第二十四回)
4. 太宗已单骑杀出围中,落荒望汾坝而走,被耶律休哥部将兀环

奴、兀里奚二骑乘势追逼。(《杨家将》第十二回)

例1中的"落荒即走"如果是向荒野逃跑的意思,后面又有"望荒草之中跑马入去",岂非累赘?由例2中的"追入山凹"一语可看出,"从东边山路落荒而走"是"诈败"之计,假装慌张从东边的山路逃跑,而不是向荒野逃跑。例3、例4中的"落荒"如果理解成"向荒野"或"向荒野逃跑"的话,显然跟紧接其后的状语"望北"、"望汾坝"形成结构叠合,不符合汉语的语法要求,难以将整个句子说通。

其次,从成语的结构来看,"落荒而走"、"落荒而逃"属于状中关系的偏正结构,"落荒"是用来修饰中心词"走"或"逃"的,意在表明逃跑的情状或方式。如果将"落荒"理解为逃跑的情状,窃以为"落荒"就是慌乱、慌张之义,理由详见后文。如果将"落荒"理解为逃跑的方式,那么逐字落实的话,"落荒"就是"经由荒野"的意思①,而不是"向荒野"之义。"经由荒野"固然能说通一些"落荒而走"、"落荒而逃"的句子,但还有不少用例难以讲通,如上举例1、例3、例4。

最后,如果将"落荒而走"、"落荒而逃"的"落荒"望文释义为"经由荒野"或"向荒野"的话,那么下面这些"落慌"又该作何解释呢?

5. 你自慢慢的从大路上行,我便落慌而走。(元无名氏《马陵道》第三折)

6. 郑将连发数箭,射南宫牛不着,心里落慌,被南宫长万跃入车中,只手擒来。(明冯梦龙《新列国志》第十一回)

7. 这板凳属木,钢叉是浑钢打就的,金能克木,况钢叉头上也蘸得有恶血,着了一些,其妖法便解。任迁脚跟落地,早落慌了,被柳春生肩膊上一叉搠倒,活活绑住。(明罗贯中《平妖传》第三十六回)

---

① 《文选·孙绰〈游天台山赋〉》:"济楢溪而直进,落五界而迅征。"吕向注:"落,经也。"《汉语大字典》和《汉语大词典》都收有"落"的"经过"义。

8. 崇侯虎正在梦中，闻见杀声，披袍而起，上马提刀，冲出帐来。只见灯光影里，看苏护金盔金甲，大红袍，玉束带，青骢马，火龙枪，大叫曰："侯虎休走！速下马受缚！"捻手中枪劈心刺来。崇侯落慌，将手中刀对面来迎，两马交锋。（明许仲琳《封神演义》第二回）

可以看出，上述例 5 至例 8 中的"落慌"义同"落荒"，但难以用"经由荒野"或"向荒野"来解释，尤其是例 6、例 7、例 8 三例中的"落慌"都是写人物心理、行动的慌乱，跟"荒野"可谓毫无瓜葛。

那么，"落荒而走"、"落荒而逃"的"落荒"到底该作何解呢？

考察敦煌变文中"落荒"、"洛荒"的相关用例，可以给我们很大的启发。伯 2653 号《燕子赋》："燕闻拍手笑：'不由君事落荒。'"又，"燕子启大王：'雀儿漫洛荒。亦是穷奇鸟，构架足词章。衔泥来作窟，口里见疮生。王今不信语，乞问主人郎。'"徐复校曰："《广韵》入声十九铎：'䜁，䜁䜅，狂言，卢各切'，与'落'、'洛'都同音。这里'落荒'一词正是说雀儿的狂言乱语，就和'䜁䜅'的词义一致了。变文《庐山远公话》：'阇梨商（适）来所说言词，大远讲赞，经文大错，总是信口落荒。''落荒'也是狂言，引申之亦有妄言的意思。"① 蒋礼鸿赞同此说，在其《敦煌变文字义通释》中将"落荒"、"洛荒"释为"乱说"，并补充考证曰："'落荒'就是'䜁䜅'。慧琳《一切经音义》卷九十二，《续高僧传》第六卷音义：'乐獚：上音洛，下音荒。按：'狼獚'者，盖诡谲之流，不实之义也。'狼'合作乐字，传用狼字，非也。字书亦无此字者也。''乐獚'亦与'䜁䜅'相同，诡谲不实和狂言，其义相因。现在俗语管讲话不实在叫'黄落'，应是'落荒'之倒。"② 徐、蒋二先生的解释颇有说服力，后出的敦煌文献著作莫不据此释之。如黄征、张涌泉的《敦煌变文校注》："'落荒'、'洛荒'皆与'䜁䜅'同音，

---

① 徐复：《敦煌变文词语研究》，《中国语文》，1961 年第 8 期。又见《徐复语言文字学丛稿》，江苏古籍出版社，1990 年，第 222 页。
② 蒋礼鸿：《蒋礼鸿集》第一卷，浙江教育出版社，2001 年，第 188 页。

为一词异写。"① 项楚的《敦煌变文选注》也据此释为"胡说八道"、"胡说",并认为"譤谎"即是"落荒"的本字。② 江蓝生、曹广顺主编的《唐五代语言词典》释"洛荒":"乱说,说谎。也作'落荒'。"蒋礼鸿主编的《敦煌文献语言词典》释"落荒":"即'譤谎'。乱说,诳言。"

综上所述,在唐五代敦煌俗文学中,"落荒"、"洛荒"均表示胡说、乱说之义。随着语言的发展,到了元明清通俗文学中,"落荒"又引申出慌乱、慌张之义,大多用来形容战斗失败一方的心理和行为。这既符合词义引申发展的理据,又与该成语以"落荒"形容逃跑的情状,属于状中关系偏正结构的特点相吻合,以之检验上举诸例以及文献中的众多实例,皆妥帖顺畅。因此,我们认为"落荒而走"、"落荒而逃"的意思是"形容打了败仗慌张逃跑",《现代汉语词典》"落荒"的解释应该修正为"慌乱,慌张"。

(四)误释同义复词

同义复词是两个意义相同的语素连在一起使用,表示一个完整意义的复合词。它是古今汉语里一种十分普遍而重要的语言现象。长期以来,受"古汉语以单音词为主"的传统观念的影响,许多词典编纂者在碰到同义复词这种特殊语言现象时,往往强调和着眼的是语言单位的"分",忽略轻视了其"合",释义时将同义复词强行分释,字字落实,务要说出其异。加之一些字词的古义在当代往往不为人熟知,受其当代常用义的迷惑,人们很容易产生以今律古的思维定式,犯下拆词为释、望文生训的错误。

【嗜好】名 特殊的爱好(多指不良的):他没有别的~,就喜欢喝点儿酒。(《现代汉语词典》第1199页)

---

① 黄征、张涌泉校注:《敦煌变文校注》,中华书局,1997年,第420页注解62。
② 项楚:《敦煌变文选注》,中华书局,2006年,第517页注解23、第1939页注解2。

此释不够确切，容易使读者误以为"嗜好"是偏正结构，"嗜"是"特殊的"意思。说它释义不确，我们从下面的例子就可看出。

1.《十字架报》在名为《法国的嗜好》的社论中说，几十年以来，甚至几百年来，法国人对中东问题就有一种独特的嗜好，因此，中东问题既是国际问题，又是国内问题。（果永毅《若斯潘自中东返法后》，《人民日报》2000年3月5日）

2. 我发现他们大多数人有一个特点，就是除了外交以外，他们自己还有特别的嗜好。（《就中国外交政策和对外关系答中外记者问》，《人民日报》2009年3月8日）

3."没什么特殊保养，也没有特殊嗜好，就是不抽烟不喝酒，不去无限制地玩乐。"（余建斌《翟光明：找油六十年》，《人民日报》2011年12月19日）

如果"嗜好"是"特殊的爱好"，试问上面例句中的"嗜好"前为何还要用"独特"、"特别"和"特殊"来修饰呢？这岂非叠床架屋、多此一举吗？其实，例句中"嗜好"的用法并无不妥，错误的是《现代汉语词典》对"嗜好"的解释。笔者认为，"嗜好"属于同义复词，宜释为"爱好，喜好"。

何谓同义复词？同义复词是汉语里非常普遍的一种语言现象，即两个或两个以上意义相同的语素连在一起使用，表示一个完整的意义。如《尚书·多方》"克堪用德，惟典神天"中的"克堪"，《左传·僖公四年》"一薰一莸，十年尚犹有臭"中的"尚犹"，《诗经·齐风·东方未明》"东方未明，颠倒衣裳"中的"颠倒"，等等。判定"嗜好"是否为同义复词，主要可以从意义和结构两个方面加以考虑。

从意义上考虑，要看其组成语素是否意义相同，是否共同表示一个完整的意义。"好"有爱好之义，当无异议。关键是"嗜"字，许慎《说文解字》："嗜，嗜欲，喜之也。"汤可敬《说文解字今释》："嗜，嗜欲，喜爱它。"可见"嗜"的本义为喜欢、爱好。《后汉书·党锢列传》：

"孔子曰:'性相近也,习相远也。'言嗜恶之本同,而迁染之涂异也。"李贤注:"嗜,犹好也。"《大戴礼记·保傅》:"故择其所嗜,必先受业,乃得当之;择其所乐,必先有习,乃得为之。"王聘珍解诂:"嗜,好也。"李贤、王聘珍等人的注疏进一步明确了"嗜"的喜爱义。《汉语大字典》是目前最大最权威的字典,它也将喜爱、爱好义列为"嗜"的本义。

不仅古今字典和注疏收有"嗜"的"喜爱"义,历代文献中也不乏这样的用例。《诗经·小雅·楚茨》:"苾芬孝祀,神嗜饮食。"《管子·入国》:"问所欲,求所嗜。"宋梅尧臣《依韵和永叔劝饮酒莫吟诗杂言》:"我生无所嗜,唯嗜酒与诗。"清阮元《小沧浪笔谈》卷二:"工诗文书画,尤嗜金石。"这些例句中的"嗜"字无疑都是喜爱的意思。

根据汉语构词的规律,"嗜"和"好"既然都有爱好的意思,就能组合成同义复词"嗜好"来表示爱好之义。《尹文子·大道下》:"夫佞辩者……探人之心、度人之欲、顺人之嗜好而不敢逆,纳人于邪恶而求其利。"晋葛洪《抱朴子·至理》:"岂能弃交修赊,抑遗嗜好,割目下之近欲,修难成之远功哉!"宋范仲淹《奏陕西河北攻守等策》:"盖汉多叛人,陷于穷漠,衣食嗜好,皆不如意。"这些句中的"嗜好"显然都是爱好、喜好的意思。

从结构上考虑,要看其组成语素是否属于并列关系。"嗜"与"好"是意义相同的两个语素,因而其组合后的结构方式一定属于并列式。《现代汉语词典》将"嗜好"释作"特殊的爱好",且不说"嗜"从无"特殊"之义,仅从构词方式上来看,就将"嗜好"误作了偏正式,明显不正确。其次,由于组成同义复词的两个语素意义相同,因而其词序往往可以颠倒,形成同素异序,且词性和意义都不会发生变化。"嗜好"既为同义复词,通常便可颠倒为"好嗜",表达的仍是爱好、喜好之义。如汉赵晔《吴越春秋》卷三:"专诸曰:'凡欲杀人君,必前求其所好。吴王何好?'(公子)光曰:'好味。'专诸曰:'何味所甘?'光曰:'好嗜鱼之炙也。'"清屈大均《广东新语·食语》:"粤地故多灵泉甘液,终年花果鲜美芬芳,而当时人民饶裕,户户为酒,争以奇异相高,故名贤迁谪至此，多好嗜之。"清李圭《鸦片事略》卷下："英人于好嗜之物，更加征两倍，亦与赎刑遗意相近。"以上例句中的"好嗜"显然义同"嗜好"，这是"嗜好"为同义复词的有力旁证。

综上所述，《现代汉语词典》"嗜好"条的释义当作相应修改，宜改为"爱好，喜好"。当然，"嗜好"的释义之所以有误，原因还在于编写者对"嗜"的误解，该词典将"嗜"释为"特别爱好"，因而也须作相应的订正。

【瑕疵】 名 微小的缺点。（《现代汉语词典》第1411页）

此释容易使读者误以为"瑕疵"是偏正结构，"瑕"是"微小的"意思，这不正确。

从词义上说，"瑕"本指玉的暗斑，即玉之疵病，《广韵·麻韵》："瑕，玉病也。"《礼记·聘义》"瑕不掩瑜"郑玄注："瑕，玉之病也。"《诗经·豳风·狼跋》"德音不瑕"孔颖达疏："瑕者，玉之病也。"由此可引申为缺点和过错，《现代汉语词典》"瑕"字条下释曰："玉上面的斑点，比喻缺点。"可谓得之。"疵"本义是毛病，《尔雅·释诂下》："疵，病也。"亦可引申为缺点、过错。韩愈《读荀》："孔子删《诗》、《书》，笔削《春秋》，合于道者著之，离于道者黜去之，故《诗》、《书》、《春秋》无疵。"这里的"无疵"就是指没有缺点，"疵"即缺点、错误之义。由于"瑕"、"疵"具有同义关系，因而可组成同义复词"瑕疵"，如北齐颜之推《颜氏家训·省事》："或有劫持宰相瑕疵，而获酬谢。"唐白居易《同微之赠别郭虚舟炼师五十韵》："直躬易媒孽，浮俗多瑕疵。"宋王安石《思王逢原》："我善孰相我，孰知我瑕疵。"这些句中的"瑕疵"均是"缺点，过失"之义，而不是"微小的缺点"。

在古代文献中要表示"微小的缺点"之义，可说"小瑕"，如《旧唐书·昭宗本纪》："勿以小瑕，遂妨大礼。"也可说"小疵"，如《韩非子·大体》："不吹毛而求小疵，不洗垢而察难知。"也可说"小瑕疵"，如宋王安石《美玉》诗："美玉小瑕疵，国工犹珍之。"甚至还可说"小小瑕疵"，如元姚燧《留别奉御李侯》："拱璧已云旷代珍，小小瑕疵何足指。""瑕"、"疵"、"瑕疵"都能用"小"、"小小"加以修饰，说明其只是"缺点，过失"之义，而无"微小的"之义。

现代汉语的使用情况同样如此，请看：

1. 如此成句，意思并不难明白，但似乎也存在着语法上的毛病；小瑕也……（梁晓声《诗性写作的脉迹》，《人民日报海外版》2004年10月15日）

2. 他释《赠邬其山》诗有小疵，据鲁迅手稿，第二句后应为冒号，不是逗号。（吴海发《写，写，写，写到生命的尽头》，《人民日报海外版》2000年6月14日）

3. 2010年暑假，陈逸华在地铁做了一个多月的志愿者……细心的陈逸华常常针对地铁的一些小瑕疵，或填写意见卡，或去总服务台沟通意见。（杨迪、庞清辉《广州仔陈逸华》，《人民日报海外版》2011年6月17日）

4. 当然，如果不是使用大型的等离子屏幕播放，这样的小小瑕疵也是很难察觉到的。（《DVD录像机时代来临》，《江南时报》2002年9月16日）

显然，古今相承、意义和用法始终不变是"瑕疵"一词的基本特点。不仅"瑕疵"一词如此，其同素倒序词"疵瑕"也是如此，汉王符《潜夫论·实贡》："虚张高誉，强蔽疵瑕，以相诳耀。"清吴沃尧《二十年目睹之怪现状》第五十回："这部书作得甚好，只这一点是他的疵瑕。"崔笑愚《联合国新课题：怎样与时俱进？》："改革是为了更加合理与公正，公证对于联合国这个充满疵瑕却庞大重要的机构来说，是其生命力的源泉，也是它今后在全球范围内更好地履行其职责的保证。"（《国际金融报》2005年9月16日）这些句中的"疵瑕"，意思跟"瑕疵"一样，都是"缺点，过失"之义。这也是"瑕疵"为同义复词的旁证。

那么,《现代汉语词典》在解释"瑕疵"时,为什么会将"微小的"这个限定语强加在中心词"缺点"之前呢?这或许是词条编写者在理解"瑕"字含义时产生了误解,以为"瑕"既然是玉上的斑点,那一定是"微小的",不是有"白璧微瑕"、"瑕不掩瑜"这类成语吗?岂不知"白璧微瑕"中已有"微"字表示"微小的"之义,用不着叠床架屋、画蛇添足地再在"瑕"字上赋予"微小的"含义,况且"瑕"字在古今词义的发展演变中也没有产生过"微小的"之义。因此,《现代汉语词典》"瑕疵"条当改释为"缺点,过失"[①]。

【阔别】 动 长时间地分别:～多年。(《现代汉语词典》第767页)

此释似将"阔别"当作了偏正结构,"阔"是"长时间"之义。这不正确。

"阔别"的"阔"是离散、别离之义。清黄生《义府·契阔》:"阔,离也。"《诗经·邶风·击鼓》:"死生契阔,与子成说。"清马瑞辰通释:"契阔与死生相对成文,犹云合离聚散耳。"显然也是将"阔"理解成离散、离别义。下列数句都是"阔"作离别解的明证:三国魏嵇康《与山巨源绝交书》:"时与亲旧叙阔,陈说平生。"晋干宝《搜神记·度朔君》:"后苏并邻家有神下,识君声,云:'昔移入湖,阔绝三年。'"晋王羲之《杂帖》:"计与足下别廿六年与今,虽时书问,不解阔怀。"《魏书·李彪传》:"观卿此言,似成长阔,朕当以殊礼相送。"

"阔"既有离别义,故与同义语素"别"组合在一起时就构成了同义复词"阔别",成为并列结构的语词。晋王羲之《问慰诸帖下》之十二:"阔别稍久,眷与时长。"《玄怪录》卷三:"阔别既久,每多思望。"《太平广记·崔绍》:"大王问磻夫安在,绍曰:'阔别已久,知家寄杭州。'"从这三例"阔别"后紧跟表示时间的"稍久"、"既久"、"已久"

[①] 关于"瑕疵",《中文大辞典》释为"谓过失也",《汉语大词典》释为"玉的斑痕。亦比喻人的过失或事物的缺点",均未有修饰语"微小的",可作本条的旁证。

可以看出,"阔别"只能是分别、离别义,不可能是"长时间地分别"的意思。

以上是古文献里"阔别"的用法,下面我们从现代汉语实践的角度加以说明。

通过对现代汉语大量用例的分析,我们发现,"阔别"一词后往往紧跟表示时间悠久的词语,既可以是"多年"、"已久"等虚泛词,也可以是"十几年"、"几十年"等较具体的时间词,这跟"长时间"的释义相矛盾:既已是"长时间地分别",还有必要再补充说"多年"吗?如果《现代汉语词典》所释是正确的,那么语言实际中"阔别多年"的"多年"岂非蛇足?此其一。

其二,所谓"长时间"该如何理解?几年、十几年、几十年或许都算是"长时间",但一年、几个月甚至几天呢?请看下面的两个例子:

1. 阔别一年再到北京,连战在机场发表简短讲话,说自己有一种重逢的喜悦,更有宾至如归的感觉。(孙立极《连战一行抵京参加两岸经贸论坛》,《人民日报》2006 年 4 月 14 日)

2. 4 月 15 日,赴新疆支援工作的 40 名湖南长沙特警圆满完成维稳任务后平安回到家乡。在欢迎现场,特警周君抱起阔别多日的女儿。(贺文兵《援疆特警返乡》,《人民日报》2010 年 4 月 16 日)

例 1 中"阔别"的是"一年",例 2 中"阔别"的是"多日",这"一年"和"多日"能算是"长时间"吗?况且"长时间地分别多日"这种理解也实在让人难以认可。

因此,根据古今汉语的大量用例,我们认为《现代汉语词典》对"阔别"一词的解释是不确切的,应改释为"分别;离别"。

【闪避】动 迅速侧转身子向旁边躲避:~不及。(《现代汉语词典》第 1138 页)

"闪避"的这种解释是不确切的,尤其是"迅速"、"侧转身子"、"向旁边"三个修饰语把"闪避"这一动词的范围限定得非常狭窄,验诸语言实际,明显难以自圆其说。请看下面这些例子:

1. 随着飞行汽车研制的进步,英国利物浦大学的研究团队已经先人一步开始打造"空中数字交通网络",试图使用全球定位系统以及高科技侦测和闪避技术避免飞行汽车在空中发生碰撞。(白阳《"飞车时代"为时不远》,《人民日报》2012年4月27日)

2. 危急关头,退缩闪避乃人之常情,但胸怀正义则会充满力量。(周志忠、钟自炜《浴血斗劫匪》,《人民日报》2011年7月18日)

3. 而国内不少私家车主,即使是在住宅小区里遇见老人、孩子,一样大摇大摆鸣笛示意行人闪避。(田泓《"无车日"呼唤"公交文化"》,《人民日报》2007年9月17日)

从上面的例子可以看出,"闪避"既可以正面躲避,也可以向前或向后躲避,甚至可以向上或向下躲避,所谓"侧转身子"、"向旁边"云云是词条编撰者的臆想,并不符合语言实际。之所以会出现这种错误,主要还是词条编撰者囿于"闪"的常见义所致。

其实,"闪避"的"闪"与"避"同义,是躲避的意思,"闪避"乃同义复词。《古今韵会举要·琰韵》引《增韵》:"闪,躲避也。"躲,同"躲","躲避"即躲避。元曾瑞《四块玉·酷吏》:"横祸添,无处闪。"《水浒传》第十一回:"林冲赶将去,那里赶得上,那汉子闪过山坡去了。"周立波《暴风骤雨》第一部十六:"(赵玉林)大声叫道:'大伙闪开路,回去开大会。'"这些句中的"闪"都是躲避之义。在一些地方的方言中,"闪"字仍保留着躲避的意思。如在广东揭阳和海南琼山一带,"闪风"就是避风的意思,"闪雨"就是避雨的意思。①

---

① 详见《汉语方言大词典》第1452页"闪风"、"闪雨"条。

因此,《现代汉语词典》中"闪避"的释义应修订为"躲避;避开"①。

【躲闪】 动 迅速使身体避开:小王～不及,和他撞了个满怀。(《现代汉语词典》第337页)

"躲闪"为同义复词,"闪"之躲避义,详见上条"闪避"。因此,此释宜改为"躲避;避开",以免累赘。又,《现代汉语词典》第1138页"闪躲"条释为"躲闪;躲避",亦可为旁证。

【稽核】 动 查对计算(多指账目)。(《现代汉语词典》第605页)

此释容易误导读者以为"核"是计算的意思。其实,这里的"核"与"稽"同义,都是查考、查对的意思,《汉书·刑法志》:"其审核之,务准古法,朕将尽心览焉。"唐颜师古注:"核,究其实也。"《资治通鉴·汉元帝建昭二年》:"事必核其真,然后修之。"胡三省注:"核,与覈同,谓精确得其实也。""稽核"当属同义复词,义为"查核;查考"②。虽然在查考的时候,有时会使用计算的手段,但并非一定要使用。因此,释义语中的"计算"二字当为蛇足,宜删去。

【款待】 动 亲切优厚地招待:～客人|盛情～。(《现代汉语词典》第759页)

此释易使读者误以为"款"是"亲切优厚"之义,"款待"为偏正结构。其实不然,"款待"为同义复词,"款"即招待义。《太平广记》

---

① 《汉语大词典》"闪避"条即作此解。
② 详见《汉语大词典》"稽核"条。

卷四百十九引《异闻集·柳毅》:"因命酌互举,以款人事。"《警世通言·庄子休鼓盆成大道》:"田氏道:'通家之谊,久住何妨。'当下治饭相款。"清蒲松龄《聊斋志异·梦狼》:"适有瓜葛丁姓造谒,翁款之。"这些句中的"款"皆是招待之义。表招待的"款"跟"待"可以组成同义复词"款待",《镜花缘》第八十三回:"子路半世在江湖上行走,受了人家许多怠慢,今日肴馔虽然不丰,却也殷勤款待,十分尽礼。"此句中的"款待"用"殷勤"二字来加以修饰,更说明"款待"只是招待之义。再看《现代汉语词典》"款待"条后所举的"盛情款待"一例,同样如此。如果一定要把"亲切优厚"之义附丽在"款待"上,岂非叠床架屋?

【格斗】 动 紧张激烈地搏斗:白刃～。(《现代汉语词典》第440页)

此释似将"格斗"理解成了偏正结构,易使人误以为"格"是"紧张激烈"的意思。其实,"格"即斗义①,"格斗"乃同义复词,唐李白《战城南》诗:"野战格斗死,败马号鸣向天悲。"明梁辰鱼《浣纱记·送钱》:"残兵格斗筋力疲,沿山烽火军声沸。"这两句中的"格斗"都是搏斗之义。故《现代汉语词典》释义中的"紧张激烈地"五字可删。如此,则既与"格³"字的释义"打:～斗|～杀"相照应,便于读者理解和掌握,也符合词典释义简明的要求。

【切合】 动 十分符合:～实际。(《现代汉语词典》第1055页)

此释容易误导读者以为"切"是"十分"的意思。其实,"切合"的"切"义同"合",是符合,契合之义。古今不乏这样的用例,《史记·老庄申韩列传》:"韩子引绳墨,切事情,明是非。"南朝梁刘勰

---

① 《逸周书·武称解》:"追戎无恪,穷寇不格。"孔晁注:"格,斗也。"《资治通鉴·秦纪二》"民莫敢格者"胡三省注:"格,斗也。"

《文心雕龙·檄移》:"文不雕饰,而辞切事明。"《鲁迅书信集·致台静农》:"若将标语各增一字,作'五四失精神','时代在前面',则较切矣。"这些例句中的"切"字显然都是符合、契合的意思。因而"切合"是一个同义复词,构词形式属于并列结构,而《现代汉语词典》的解释则易使读者误认为是偏正结构。从现代汉语实践来看,将"切合"解作"十分符合"也难以在下列语句中说通。

1. 书中所列的20个理论热点,都很切合基层官兵的思想、工作和生活实际。(高建国《巧撒甘霖到军营》,《人民日报》2008年12月31日)

2. 但打工文学有它独特的东西,某种程度上,它更有在场感,更切合时代生活。(贺林平《为打工者的文学梦安个家》,《人民日报》2011年10月31日)

3. 以建设性的方法推进反腐倡廉建设,就是要遵循科学的反腐路径,用最切合实际、最有效管用的办法来解决市场经济条件下出现的各种腐败现象。(容文《以建设性的思路、建设性的举措、建设性的方法推进反腐倡廉建设》,《人民日报》2008年2月27日)

4. 体育场临水而建,四面环水,和天津自古以来"天子渡口"的名称十分切合。(罗俊《"水滴"之中有天地》,《人民日报海外版》2007年9月21日)

从以上这些例子可以看出,"很"、"更"、"最"、"十分"这些副词都能修饰"切合"一词,若"切合"是"十分符合"的意思,岂能这样叠床架屋般使用?因此,《现代汉语词典》中"切合"的解释当删去"十分"这个蛇足,径直释为"符合"。

【切要】形 十分必要;紧要:~的知识|眼前~解决的是原材料问题。(《现代汉语词典》第1055页)

将"切要"释为"十分必要",容易误导读者以为"切"是"十分"的意思,"切要"为偏正结构。但翻查各种词典,均未见到"切"的"十分"义。其实,"切要"的"切"义同"要",是必要、紧要之义,"切要"属于同义复词,构词形式属于并列结构。

"切"有"必要、紧要"的意思吗?古注和古代工具书给予了肯定的回答。《文选·成公绥〈啸赋〉》:"清激切于竽笙。"张铣注:"切,要也。"《集韵·屑韵》:"切,要也。"下列文献用例中的"切"都是"必要、紧要"的意思。《汉书·扬雄传下》:"请略举其凡,而客自览其切焉。"张九龄《敕处分县令》:"自古致理,其在命官。今之所切,莫如守宰。"孔平仲《续世说·直谏》:"宪宗问时所切,登以纳谏为对,时论美之。"因而,当具有相同语素义的"切"和"要"组合在一起时,就构成了同义复词"切要"。陈善《扪虱新话》卷五:"古人于临事切要处,未尝不自留一着也。"《农桑辑要·序》:"删其繁重,摭其切要。"谢榛《四溟诗话》卷三:"于鳞徒步相携曰:'子何太泄天机?'予曰:'更有切要处不言。'"

不仅古汉语里的"切要"是"必要、紧要"的意思,在现代汉语里同样如此。

1. 将文艺当作高兴时的游戏或失意时的消遣的时候,现在已经过去了。我们相信文学是一种工作,而且又是于人生很切要的一种工作。(王春林《创新是艺术的生命》,《人民日报》2017年6月6日)

2. 首先,重视目录之学。古人有言,凡读书最切要者,目录之学。(汪涢《善读经典》,《人民日报》2014年11月14日)

3. 人要舍恶从善,一是内心必须有强大的信念做"防护堤",二是必须有良师益友互为提点。立志须坚,交友须慎,青年领导干部尤为切要。(张远晴《习得修身篇——习近平引用的古典名句》,《人民日报海外版》2014年5月8日)

4. 历史在文艺创作中的想象与呈现,真实与否并不是首要考量的目标,借这面镜子反映当下的社会现实和精神需求往往更为切要。(颜

浩《论"宫斗剧"的文化本质》,《人民日报》2012年7月10日)

以上这些例子中,"切要"分别受"很"、"最"、"尤为"、"更为"这些副词的修饰,如果"切要"是"十分必要"的意思,如此使用显系叠床架屋。因此,《现代汉语词典》中"切要"的解释应该删去"十分"这个蛇足,改为"必要;紧要"。

【备至】形 极其周到(多指对人的关怀等):关心～|爱护～。(《现代汉语词典》第57页)

此释容易使读者误认为"备至"的"备"是"极其"之义。但验之文献,"备"并无极其、非常之义。虽然《现代汉语词典》"备"字下列有七个义项,但未收列"极其"这一义项。只是在义项⑥释曰:"〈书〉副 表示完全:艰苦～尝|关怀～至|～受欢迎。"诚然,"备"作副词时,有尽、皆、都、完全之义,但这与表示程度高的很、非常、极其之义并不相等。

那么,"备至"的"备"是什么意思呢?笔者认为,"备至"的"备"义同"至"。《广韵·至韵》:"备,具也。"《红楼梦》第九十一回:"时常在他不周不备的去处,张罗张罗。"此句中"备"与"周"相对为文,可证"备"是周备、周至、周到之义,"备至"为同义复词。唐元稹《告赠皇考皇妣文》:"慈训备至,不肖乃立。"宋岳飞《奏辞镇南军承宣使第三状》:"辄陈悃愊,方切忧惶,复蒙天语之丁宁,告戒备至。"清纪昀《阅微草堂笔记·如是我闻二》:"乃迎曾父母妻子于家,奉养备至。"这些句中的"备至"都是周到、周备之义。因此,《现代汉语词典》"备至"条的释义宜改为"周到;周全",并删去"备"字义项⑥中的例子"关怀备至"。

【洞察】动 很清楚地观察:～下情。(《现代汉语词典》第315页)

此释显然将"洞"理解成了"很清楚"的意思,即把"洞察"看成是偏正结构的语词,这从"洞"字义项④的解释亦可看出:"深远;透彻:～晓｜～察｜～若观火。"

其实,"洞察"的"洞"义同"察","洞察"乃同义复词,属于并列结构,当释为"观察"。"洞"有动词观察义吗?传统文献给予了肯定的回答。清包世臣《艺舟双楫·书〈桃花扇传奇〉后》:"此作者所为洞微察远,而不得不藉朝宗以三致其意者也。"在"洞微察远"一词中,"洞"和"察"相对成文,"洞"显然是观察义。又如,宋叶适《〈覆瓿集〉序》:"洞前烛后,瞭至日月,渠不新其学!"清马建忠《上李伯相言出洋工课书》:"(学师)谓(马建忠)能洞隐烛微,提纲挈领,非徒钻故纸者可比。"在"洞前烛后"、"洞隐烛微"二词中,"洞"和"烛"相对成文,显然也应该是动词观察之义。

下面再来看现代汉语对"洞察"一词的使用:

1. 在开幕式这样庄重的场合、在亿万全球观众面前,勇于颠覆传统的英国绅士形象,如此坦然地自我解嘲,不仅是导演本人的胆大率真,更是他对人性的深入洞察。(许立群《唤醒世界的耳朵》,《人民日报》2012年7月29日)

2. 党中央、国务院敏锐洞察世界科技革命和新兴产业发展潮流,把发展战略性新兴产业作为抢占新一轮经济和科技发展制高点的重大战略。(赵永新等《十年创新,中国智慧》,《人民日报》2012年7月23日)

3. 明子常常会在解嘲式的反讽中,表达出他机敏犀利的洞察,洋溢着对当下生活的浓厚兴致,从而使我们生活的沉重感得到减轻。(汪守德《记录心灵的光影》,《人民日报》2011年12月6日)

从以上例句可以看出,"洞察"一词的前面往往会有"深入"、"敏锐"、"机敏犀利"等词加以修饰,若"洞察"的"洞"还是"清楚"、"深远"、"透彻"之义的话,岂非叠床架屋?

因此,"洞察"的释义宜改为"观察"。

【洞开】 动 (门窗等)大开:门户～。(《现代汉语词典》第 315 页)

此释容易让读者误以为"洞开"的"洞"是形容词"大"的意思,且不说这样的理解毫无凭据,就是将"洞开"的"大开"之义验诸以下例句,也可看出不甚妥帖。

1. 我的讲述,最根本的一条是去掉许多晦涩的术语、名词,用富于趣味的音乐故事和有意味的曲目设计,感染听众,引领听众在不知不觉中洞开音乐之门,步入瑰丽的古典音乐世界。(任姗姗《陈立,打开音乐之门》,《人民日报》2012 年 5 月 10 日)

2. 乒坛老将徐寅生后来回忆说:"通往世界冠军之路的厚重而神秘的大门,从此向中国人隆隆洞开了。"(王继晟《男团六连冠之路绝非坦途,女团打赢翻身仗仍有悬念》,《人民日报》2012 年 3 月 23 日)

3. 许多人对《十万个为什么》的记忆并不是科学知识本身,而是洞开科学之窗后的那份惊喜、快乐和满足。(郝洪《〈十万个为什么〉:传奇与现实》,《人民日报》2011 年 10 月 4 日)

以上例句中的"洞开"显然不能用"大开"来解释。其实,"洞开"的"洞"义同"开",是打开、敞开之义,从下面两例即可看出。白居易《草堂记》:"洞北户,来阴风,防徂暑也。"元稹《册文武孝德皇帝赦文》:"燕寇勃起,洞无藩篱。"因而"洞开"是同义复词,《现代汉语词典》"洞开"条的解释应改为"打开,敞开"[①]。

[①] 《汉语大词典》"洞开"条的第一个义项即为"敞开"。

【穷尽】① 动 到尽头：不可～｜无法～。……（《现代汉语词典》第 1071 页）

义项①的解释很容易让读者误以为"穷"是动词"到"的意思，"穷尽"是一个动词短语。其实不然，动词"穷尽"的"穷"义同"尽"，是竭尽的意思。《孟子·公孙丑下》："谏于其君而不受，则怒，悻悻然见于其面，去则穷日之力而后宿哉？"朱熹集注："穷，尽也。"《列子·汤问》："飞卫之矢先穷，纪昌遗一矢，既发，飞卫以棘刺之端扞之，而无差焉。"张湛注："穷，尽也。"因此，同义复词"穷尽"作动词用时，当释为"竭尽；用尽"。这样不仅与《现代汉语词典》所举的两个例子恰相吻合，而且也跟"穷"字义项③"用尽；费尽"形成照应。

【行经²】动 行程中经过：火车从北京开出，～天津抵达上海。（《现代汉语词典》第 1465 页）

此释易使读者误以为"行经"的"行"是名词"行程"的意思，"行经"为偏正结构。其实，这里的"行"义同"经"，是动词经过之义。《国语·晋语》："文公问元帅于赵衰，对曰：'郤縠可，行年五十矣。'"韦昭注："行，历也。"《管子·问》："城粟军粮，其可以行几何年也？"尹知章注："行，由经也。"当同为经过义的语素"行"跟"经"组合在一起时，就构成了并列结构的同义复词"行经"。《百喻经·乘船失釪喻》："行经二月到师子诸国，见一河水，便入其中觅本失釪。"《北史·萧吉列传》："及炀帝嗣位，拜太府少卿，加位开府。尝行经华阴，见杨素冢上有白气属天，密言于帝。"《旧五代史·李周列传》："行经西山中，有贼夜于林麓间伺之，射卢岳，中其马。"显然，以上三句中的"行经"都是经过的意思。现代汉语的使用情况相同，不烦赘举。因而《现代汉语词典》"行经"条宜径直释为"经过"。

【追悔】动 追溯以往，感到悔恨：事已至此，～莫及。（《现代汉语词典》第 1726 页）

词典拆词为释，似将"追"理解成了"追溯以往"。"追"固然有"回溯"、"追溯"之义，但在"追悔"一词中，"追"就是后悔的意思。"追悔"属于同义复词，《现代汉语词典》中应当改释为"后悔"。

"追"的后悔义古已有之，《管子·法法》："太上以制制度，其次失而能追之，虽有过，亦不甚矣。"尹知章注"追"字："能追悔也。"《逸周书·谥法》"祗勤追惧曰顷"朱右曾集训校释："追惧，能悔过也。"唐元结《瘱论》："俾悔过追误，与天下如新。""追"跟"悔"相对成文，当为后悔之义。宋吴曾《能改斋漫录·记事一》："然仆已书券纳直，不可追矣。"《初刻拍案惊奇》卷十六："直到事后晓得，已此追之不及了。"这两例中的"追"字也是后悔义，《汉语大词典》即收有此义。

"追"既然有后悔义，故能跟同义的"悔"组成同义复词"追悔"。《汉语大词典》收释"追悔"一词曰："犹后悔。《逸周书·谥法》：'追悔前过曰思。'宋柳永《慢卷䌷》词：'到得如今，万般追悔。'《初刻拍案惊奇》卷二四：'不必赶逐，我去罢了。只是后来追悔，要求见我，就无门了。'冰心《寄小读者》十三：'然而为着小孩子，对于这次的许愿，我不曾有半星儿的追悔。'"既有古代书证，又有当代书证，颇具说服力。

【清闲】形 清静闲暇：～自在｜他一时还过不惯～的退休生活。（《现代汉语词典》第 1066 页）

此释容易误导读者以为"清闲"的"清"是"清静"的意思。其实，"清静"主要指环境的安静，而"清闲"说的是人的状态，用"清静"来解释"清闲"的"清"，不够确切。

我们认为,"清"有闲暇义。《庄子·在宥》:"必静必清,无劳女形,无摇女精,乃可以长生。"郭象注:"任其自动,故闲静而不夭也。"杜甫《江陵节度阳城郡王新楼成王请严侍御判官赋七字句同作》:"杖钺褰帷瞻具美,投壶散帙有余清。"仇兆鳌详注引黄生曰:"杜诗善用'清'字,……'投壶散帙有余清',则以'清'为'闲'。"王安石《太湖恬亭》:"清游始觉心无累,静处谁知世有机。"王禹偁《送郝校书从事相州》:"提笔从戎别帝乡,官清兼领校书郎。"这些句中的"清"都是闲暇的意思,今之权威工具书《汉语大字典》、《汉语大词典》也收有这一义项。同有闲暇义的语素"清"和"闲"组合在一起,就构成了同义复词"清闲",表示空闲、闲暇。所以,《现代汉语词典》"清闲"的释义应当改为"闲暇"。

【娴静】 形 文雅安详:举止～。(《现代汉语词典》第1420页)

先来看几个现代汉语用例:

1. 百花之中,我对优雅娴静的梅花情有独钟。(陈卫卫《苏州赏梅》,《人民日报海外版》2019年2月22日)
2. 粉裳挑人,意料不到,美女与春裳,竟相得益彰,赏心悦目。她倚窗观雨,手捧一盏清茶,笑靥如花,娴静淡雅,莫名动人。(王珉《踏春品茶好心情》,《人民日报海外版》2018年3月19日)
3. 毫无疑问,白衣女子喻示着梵高的精神状态,象征了"疯"的极致。然而,她又是如此美丽、优雅、娴静甚至圣洁,真如仙女一般。(谷子瑞、周飞亚《艺术,可以永生》,《人民日报》2018年11月22日)

显然,在现代汉语中,"娴静"既可以用来形容物,也可以用来形容人,尤其是形容女子。而《现代汉语词典》中"娴静"的释义语"文雅安详",显然只能用来形容人,这就缩小了"娴静"的使用范围,不符合语言事实。况且,"安详"是"从容不迫;稳重"的意思,用来形容女子尤其是年轻女子,也不贴切。

在"娴静"一词中,"静"是安静、文静之义,这应该没有异议。"娴"字自古至今有两个意思,一是熟练,二是安静。表熟练义的词有"娴熟"、"娴习"等;表安静义时,可与同义语素"静"字组合成同义复词"娴静"。例如,《聊斋志异》卷十:"某生庆云,二十八举于乡。生一女,娴静娟好,世族争委禽焉;皆不许。"《歧路灯》第三十五回:"绍闻难道平日不曾看见么?只因今晚妻妾欢聚,倍觉融洽,所以绍闻留心比较并观。况且三口合来,刚刚满六十个年头,兼且一个德性娴静,一个德性平和,真正娇艳尚为世所易有,贤淑则为世所难逢。"《剪灯余话》卷五:"魏生急忙拉着福福的衣襟,问娉娉在哪里,想见见她。福福说:'小姐聪明伶俐,知书达礼,持身谨慎,轻易不离开闺房,娴静雅致,凛然不可侵犯,我怎么敢冒冒然引导郎君去冒犯小姐呢!'"这些句中的"娴静"都是安静、文静之义。

从古今汉语的这些用例可以看出,"娴静"的词义和用法一以贯之,始终没有发生任何变化。因此,《现代汉语词典》"娴静"的释义宜修订为"安静,文静"。

【森严】形 整齐严肃;(防备)严密:壁垒～|戒备～。(《现代汉语词典》第1130页)

此释似将"森"解释为整齐,"严"解释为"严肃"。这样的解释乍一看似乎也可以说通,但将之置于具体语境中,便可发现其不妥。根据《现代汉语词典》"严肃"一词的三个义项"(神情、气氛等)使人感到敬畏的"、"(作风、态度等)严格认真"、"使严肃",再结合以下的具体例子,我们可以发现"森严"的释义并不确切。

1. 30年前，在社会严重缺乏文化演出场所的状况下，曾有动议要各单位礼堂对外开放，开到最后，只有北京的红塔礼堂等少数地方成为现实，因为单位礼堂大多建在单位大院的纵深处，门禁森严，进出不易，如何开放？（陈原《与其新建不如废旧利用》，《人民日报》2016年3月17日）

2. 孩子们的自尊心长期蜷缩在毫无表情的试卷分数、等级森严的考试排名之后，本就不充沛的心灵能量就会被一次次消耗。（智春丽《敬畏生命，是教育不可少的底色》，《人民日报》2015年12月10日）

3. 28日上午，日军又从测鱼镇出动，这次警戒更加森严，以100余骑兵和300余步兵掩护辎重西进。（张毅《刘伯承独创"重叠待伏"战法》，《人民日报》2015年7月26日）

从以上例子中，可以看出"森严"可用来形容"门禁"、"等级"、"警戒"等词语，而这些词语与"严肃"的意思并不相符。

其实，"森严"的"森"与"严"义同，是严密的意思。"严"的严密之义，众所周知，不需赘述。"森"的严密之义，也有文献可证。李白《出自蓟北门行》："虎竹救边急，戎车森已行。"杜甫《李潮八分小篆歌》："况潮小篆逼秦相，快剑长戟森相向。"刘基《仙人词》之二："上帝宸居俨肃森，九关虎豹立銮銮。"所以，"森严"一词当属同义复词，义为"严密"。这从"森严"可以倒置为"严森"也可得到旁证，如李雨堂《五虎征西》第五十回："奸谋断白得根由，国法严森岂复留。"蒲松龄《聊斋志异》卷十二："留吴江门下数日，宫禁严森，晚霞苦不得出，怏怏而返。"显然，上述句中的"严森"就是"森严"之义，与同义复词的互逆性特点完全吻合。即以《现代汉语词典》所举"壁垒森严"、"戒备森严"二例来说，其中的"森严"也是严密的意思。因此，《现代汉语词典》中"森严"条的释义应修订为"严密"。

【淹留】〈书〉 动 长期逗留：～他乡。（《现代汉语词典》第1504页）

此释显然将"淹"理解成了"长期"的意思，即把"淹留"看作是偏正结构的词语，这从"淹"字义项④的解释亦可看出："〈书〉久；迟延：～留。"

"淹"的久义，古已有之。《尔雅·释诂》："淹，久也。"《左传·僖公三十三年》："敝邑为从者之淹。"杜预注："淹，久也。"《公羊传·宣公十二年》："王师淹病矣，君请勿许也。"何休注："淹，久矣。"南朝梁江淹《去故乡赋》："横羽觞而淹望，抚玉琴兮何亲？"当"淹"为久义时，可与"病"、"疾"、"望"、"困"等语素组成"淹病"、"淹疾"、"淹望"、"淹困"等偏正结构的词语，但当跟"留"、"泊"、"驻"、"系"等语素组合时，其意义则是停留、逗留，检《汉语大词典》"淹留"、"淹泊"、"淹驻"、"淹系"等并列结构的词条即可知晓。这跟同义复词的组词原则有关。当两个意义相同的语素组合在一起时，就构成了同义复词，其目的是为了凸显词义。"淹留"一词即如此，其中的"淹"义同"留"，"淹留"属于同义复词。那么"淹"有动词逗留义吗？古代文献给予了肯定的回答。《集韵》："淹，留也。"《左传·宣公十二年》："将郑是训定，岂敢求罪于晋，二三子无淹久。"杜预注："淹，留也。"《楚辞·离骚》："日月忽其不淹兮，春与秋其代序。"南朝宋颜延之《秋胡行》："高节难久淹，朅来空复辞。"唐孟浩然《口号赠王九》："日暮田家远，山中勿久淹。"清冒襄《影梅庵忆语》："客春三月，欲长去盐官，访患难相恤诸友至邗上。为同社所淹。"这些句子中的"淹"都是逗留之义。

现代汉语对"淹留"一词的理解和使用跟古汉语毫无二致。

1. 相传南宋嘉定十七年（1224年），宁宗之子理宗自邵州诣京师（杭州）继位过此，忽遇石门潭伏涨，淹留竟日，故名小淹。（刘明、刘显全《从"建玲"看安化黑茶的前世今生》，《人民日报海外版》2014年8月23日）

2. 戏台上的一招一式，一问一答，都在这叙述中风神凸现，一个与勇猛、憨直相伴的善良而可爱的形象便永远地淹留在读者的心中了。

(李行远《"读"京剧》,《读书》1990年第5期)

3. 但也有些人,穷得不名一钱,以借贷做工度日;或家庭像醒秋一般多故,函电纷驰的叫他们回去,他们还是一再淹留;即勉强言归,而三宿空桑,犹如余恋,这又是什么缘故呢?(苏雪林《棘心》,北京燕山出版社1998年,第142页)

例1中的"淹留竟日"是滞留终日的意思,如果将"淹留"解释为"长期逗留",显然不能跟"竟日"搭配。例2、例3中的"淹留"一词前分别用了"永远地"、"一再"加以限制,若"淹留"是"长期逗留"的话,岂非叠床架屋?从这些现代汉语用例可看出,"淹留"在人们的交际过程中是作为"逗留"、"停留"之义来使用的。

因此,我们认为《现代汉语词典》中"淹留"的释义宜改为"逗留"。

【恶劣】形 很坏:品行～|手段～|环境～|～的作风|～的天气。(《现代汉语词典》第341页)

此释易使读者误以为"恶"是"很"的意思。其实不然,"恶劣"的"恶"义同"劣",是坏、不好之义,"恶劣"是同义复词,构词形式属于并列结构,而《现代汉语词典》之释显然把它当作了偏正结构。再从语言运用来看,将"恶劣"解作"很坏"也难以在下列语句中说通。

1. "身体好、能开车、能熬夜",这是天诺慈善基金会理事长王豫颖在接受访谈时列出来的志愿者三大条件,因为天诺慈善基金会去考察、援助的地方常常是自然环境很恶劣的地方,仅靠一腔热血显然是不够的。(李波、谢福平《环保型志愿者的"天诺日记"》,《人民日报海外版》2011年1月26日)

2. 南极是地球上环境最恶劣、气候最独特、空间最神秘的一片净

土,也是科学观测数据最匮乏的地区。(刘诗瑶《在"白色沙漠"书写中国传奇》,《人民日报》2019年3月13日)

3. 过去库布其沙漠生态环境非常恶劣,如今,我们逐步探索出了生态治理新模式,现在一年的治理速度,超过以往的十年。(陈支援等《改革创新,稳中求进,推动高质量发展》,《人民日报》2019年3月7日)

4. 青藏铁路格拉段全长1118公里,其中965公里的线路位于海拔4000米以上,连续多年冻土地段长达554公里,氧气含量只有内陆的一半,自然气候十分恶劣。(李金城《当高原尖兵,征世界屋脊》,《人民日报》2018年8月14日)

从以上这些例子可以看出,"很"、"最"、"非常"、"十分"这些副词都能修饰"恶劣"一词,若"恶劣"是"很坏"的意思,那么"很很坏"、"最很坏"这样的用法,岂非是叠床架屋?

其实,上述例句中"恶劣"的用法并无不妥,错误的是《现代汉语词典》对"恶劣"的解释。笔者认为,"恶劣"当为同义复词,宜解释为"坏,不好"。"恶"义为"坏、不好",有文献为证。《玉篇·心部》:"恶,不善也。"《广韵·铎韵》:"恶,不善也。"《字汇·心部》:"恶,善之反也。"《史记·廉颇蔺相如列传》:"今君与廉颇同列,廉君宣恶言,而君畏匿之,恐惧殊甚,且庸人尚羞之,况于将相乎?"贾谊《论积贮疏》:"失时不雨,民且狼顾;岁恶不入,请卖爵子,既闻耳矣。"杜甫《峡中览物》诗:"形胜有余风土恶,几时回首一高歌。"这些句子中的"恶"都是"坏、不好"之义。"恶"有坏之义,故可与同义语素"劣"组成同义复词"恶劣"。杨慎《升庵诗话》卷四:"学诗者动辄言唐诗,便以为好,不思唐人有极恶劣者。"陈浏《匋雅》:"瓷画之结作团彩者,最无风趣。豆彩团花,固非佳品,若釉里红之团鹤,亦甚恶劣,转不若串枝莲之为愈也。"梁廷枏《曲话》卷二:"荆、刘、拜、杀,曲文俚俗不堪,《杀狗记》尤恶劣之甚者,以其法律尚近古,故曲谱多引之。"例中"恶劣"前分别有副词"极"、"甚"、"尤"加以限制,更可见"恶劣"是"坏，不好"的意思。

因此，《现代汉语词典》"恶劣"条的释义"很坏"当修改为"坏，不好"。

【悦服】 动 从心里佩服：他的高超见解令人～。(《现代汉语词典》第 1619 页)

《现代汉语词典》的解释容易使读者产生误解，以为"悦"是"从心里"的意思，"悦服"是偏正结构。

其实，"悦服"是同义复词，"悦"即服义。《尔雅·释诂》："悦，服也。"《孟子·滕文公上》："及至葬，四方来观之，颜色之戚，哭泣之哀，吊者大悦。"俞樾《群经平议》曰："吊者大悦，言吊者大服也。孟子书'悦'字当训服者甚多，'取之而燕民悦'犹云燕民服也，'士则兹不悦'犹云兹不服也。"俞樾明确指出《孟子》"吊者大悦"的"悦"是折服的意思，可谓卓见。《三国志·蜀志·马良传》："若乃和光悦远，迈德天壤，使时闲于听，世服于道。""悦远"就是使远方折服。南朝齐王中《头陁寺碑文》："于是民以悦来，工以心竞。""悦来"意为使来归附的人佩服。因而"悦服"的释义当改为"佩服"。

【摇荡】 动 摇摆动荡：小船随波～。(《现代汉语词典》第 1523 页)

《现代汉语词典》用拆词解字的方法将"摇荡"的"荡"解释为"动荡"，不够确切。"动荡"一词在《现代汉语词典》中有"①波浪起伏"和"②局势、情况不稳定；不平静"两个义项。检索 BCC 等语料库可以发现，"动荡"第②个义项的出现频率远高于第①个义项，而形容"波浪起伏"大多用"荡漾"、"汹涌"等词语，很少用"动荡"一词。

我们认为，"摇荡"一词属于同义复词，宜解释为"摇摆，摇动"。"摇"有摇摆、摇动之义，这应该没有异议。"荡"的摇动义在文献中早有记载,《左传·僖公三年》:"齐侯与蔡姬乘舟于囿,荡公,公惧,变色。"杜预注:"荡,摇也。"《史记·齐太公世家》:"蔡姬习水,荡公。"裴骃集解引贾逵曰:"荡,摇也。""摇"和"荡"既然都有摇动义,故组合为"摇荡"一词时自然可以表示摇摆、摇动的意思,下面的古今用例可以作为确证。司马相如《上林赋》:"泛淫泛滥,随风澹淡,与波摇荡,奄薄水渚。"柳宗元《法华寺石门精室三十韵》:"羁木畏漂浮,离旌倦摇荡。"朱自清《绿》:"瀑布在襟袖之间;但我的心中已没有瀑布了。我的心随潭水的绿而摇荡。"史铁生《我之舞》:"四周的野草波浪一样地起伏摇荡。"

从以上例子可以看出,"摇荡"多用于形容水波、草木等的摇摆或心境的不平静,释为"摇摆,摇动"比"摇摆动荡"更确切。

【危机】名①潜伏的危险:～四伏。……(《现代汉语词典》第1357页)

《现代汉语词典》的这个释义有自相矛盾之嫌:既然"危险"是潜伏的,怎么还能说"危机四伏"呢?"伏"不就是潜伏之义吗?那么,是"危机"的解释有问题,还是"危机四伏"的说法不通呢?

我们认为,问题出在"危机"的解释上。根据"潜伏的危险"这个解释,我们既看不出"危机"的"机"的含义,也难以将"潜伏"之义跟语素"危"或"机"联系在一起。其实,"危机"的"机"是危险的意思。《淮南子·原道训》:"处高而不机,持盈而不倾。"高诱注:"机,危也。"《大戴礼记·本命》:"礼经三百,威仪三千,机其文之变也。"卢辩注:"机,危也。""危机"即为同义复词,危险之义。《与嵇茂齐书》:"常恐风波潜骇,危机密发。""危机密发"是危险暗中发生的意思,没必要理解为潜伏的危险暗中发生。《资治通鉴·晋纪三十八》:"贫贱常思富贵,富贵必履危机。"后句是说追求富贵必定会面临危险,也没必要将"危机"理解为"潜伏的危险"。毛泽东《评国民党十一中全会和三届二次国民参政会》："须知正是在国民党十一中全会之后，内战危机是空前未有的。"《拉封丹寓言》："人世间苦乐交织，在战争里可能找得到柔情，婚姻里也许潜伏着危机。"这两例书证的"危机"也以理解成危险为佳，尤其是后一例的"潜伏着危机"，更能说明"危机"没有"潜伏"的意思。

因此，《现代汉语词典》"危机"的释义应删去"潜伏的"三字。

【搜索】动 仔细寻找（隐藏的人或东西）：～残敌｜四处～。（《现代汉语词典》第1245页）

此释既容易使读者误解"搜索"是偏正结构，"搜"是仔细的意思，也不符合现代汉语的实际用法。请看下面几个例子：

1. 这位军官称，军队将仔细搜索桑科住所附近的每个山丘和山洞，一旦发现，将把他逮捕并交由政府处置。（廖先旺《塞政府军夺回被占地区》，《人民日报》2000年5月12日）

2. 静安警方迅速启动预案，对街面、路口、社区严密布控，在交巡民警的仔细搜索下，擒获了犯罪嫌疑人。（常海清等《歹徒持假枪抢劫被擒获》，《文汇报》2004年1月2日）

3. 蒂平说，警方6日夜间仔细搜索了贝尔法斯特国际机场，没有找到炸弹，该机场已于7日上午重新开放。（徐剑梅、马知涵《英美峰会在即，炸弹警报不断》，《人民日报》2003年4月8日）

上面三例都出现了"仔细搜索"一语。试想，"搜索"如果是"仔细寻找"的话，还能用"仔细"来修饰吗？

我们认为，"搜索"是同义复词。"搜"之搜索义众所周知，无须赘述。"索"也有搜索之义，《玉篇·索部》："索，求索也。"《汉书·张良传》："秦皇帝大怒，大索天下，求贼急甚。"颜师古注："索，搜也。"

曹植《七启》："搜林索险，探薄穷阻。"其中"搜"与"索"相对为文，意义相同。因而同义复词"搜索"宜直接释为"寻找"，《现代汉语词典》需作相应修订。

【搜寻】 动 到处寻找：～证据｜～失踪的人。(《现代汉语词典》第1245页)

此释的错误跟上则相同，容易使读者误以为"搜"是到处的意思，"搜寻"是偏正结构。其实，"搜"有寻找义，《资治通鉴·晋纪五》："（陈）总逃草中，（赵）模著总服格战；（赵）厥兵杀模，见其非是，更搜求得总，杀之。"胡三省注："搜，寻也。""搜寻"为同义复词，属于并列结构。现代汉语交际中，"到处搜寻"、"四处搜寻"是常见的说法，如果将"搜寻"解释为"到处寻找"，那么"到处搜寻"这样的说法就不规范了。因此，《现代汉语词典》宜将"搜寻"释义中的"到处"删去。

【豁达】 形 性格开朗；气量大：胸襟～｜～大度。(《现代汉语词典》第597页)

"豁达"是气量大，胸襟开阔的意思，词典所举的两个例子都符合此义。而"性格开朗"这一义项则难以成立。

"豁"的本义是通畅的山谷，《说文解字·谷部》："豁，通谷也。"由此可引申出开阔、大度、空虚等意义。其大度义的文献例证颇多，如《玉篇·谷部》："豁，大度量也。"《广韵·末韵》："豁，豁达。"《史记·高祖本纪》："仁而爱人，喜施，意豁如也。"裴骃集解引汉服虔曰："豁，达也。"《文选·潘岳〈西征赋〉》："胸中豁其洞开，群善凑而必举。"李善注引《汉书》："高祖意豁如也。"吕延济注："高祖龙颜，豁达大度。"

至于"达"的"气量大"义,辞书已载,不需赘述。"豁达"这一同义复词,除可表示通敞、通脱、通达晓畅、规模宏大等意义外,其常用义是"气量大,胸襟开阔"。这方面的古今书证颇多,如高适《崔司录宅燕大理李卿》诗:"豁达常推海内贤,殷勤但酌樽中酒。"司马光《涑水记闻》卷一:"太祖聪明豁达,知人善任。"纪昀《阅微草堂笔记》卷八:"初,里人某货郎,逋先祖多金不偿,且出负心语。先祖性豁达,一笑而已。"鲁迅《坟·摩罗诗力说》:"正如中国所谓叛道,人群共弃,艰于置身,非强怒善战豁达能思之士,不任受也。"李文澄《努尔哈赤》:"努尔哈赤豁达大度,颇有统帅和政治家风度。"张清平《林徽因》:"他的豁达、包容和幽默是最好的镇静剂,很快,徽因烦乱的心境就会恢复平静。"

　　《现代汉语词典》所谓的"性格开朗",是指人性格"乐观、畅快,不阴郁低沉"①,与"豁达"一词的古今用例并不相吻合,况且文献中也找不到"豁达"表示"性格开朗"的例证。之所以会设立这样的义项,可能是编者受《桃花源记》"复行数十步,豁然开朗"的影响。殊不知"豁然开朗"的"开朗"是开阔明亮的意思,而不是指人性格的乐观开朗。因此,"豁达"词条的"性格开朗"这一释义应当删去,以便跟"豁"字义项①"开阔;开通;通达"及例证照应、一致。

【冥顽】〈书〉形 昏庸顽钝:～不灵。(《现代汉语词典》第916页)

　　此释似将"冥"理解为"昏庸"②,将"顽"理解为"顽钝",不够确切,尤其是释义语中的"顽钝"一词,可谓"以难释难",不符合词典"以易释难"的释义要求。因为"顽钝"是个多义词,《现代汉语词典》在"顽钝"条下收有三个义项:"愚笨"、"指没有气节"、"不锋利",普通读者据此难以迅速判断"冥顽"之"顽"的正确含义,反倒

---

① 详见《现代汉语词典》第724页"开朗"条。
② "冥"有"愚昧"的意思,详见《现代汉语词典》第916页"冥"条。

容易误解为顽固之义。一些词典同样存在这种错误解释，如《汉语成语大词典》释"冥顽不灵"："冥顽：愚钝顽固。灵：聪明。形容愚昧无知而又顽固。"《汉语大词典》释"冥顽"为"愚昧顽固"，将"冥顽不灵"释为"愚昧无知而又顽固不化"。可见，不少人认为"冥顽"的"顽"是顽固的意思。

其实，"冥顽"的"顽"是愚昧、愚蠢的意思。《广雅·释诂》："顽，愚也。"《广韵·删韵》："顽，顽愚。"《书·尧典》"父顽，母嚚，象傲，克谐以孝"的"顽"就是愚昧义。敦煌写本斯 0778 号王梵志诗："痴皮裹脓血，顽骨强相随。""顽"与"痴"相对为文，都是愚昧义。类似的书证颇多，不复赘举。因此，"冥顽"当为同义复词，义为愚昧。这从成语"冥顽不灵"的结构也可看出："冥顽"与"灵"结构相对，"灵"是聪明义，"冥顽"显然应该是与"灵"词义相反的愚昧义。

同义复词往往可倒序言之，"冥顽"也是如此，可倒序作"顽冥"，如唐陆龟蒙《复友生论文书》："仆虽极顽冥，亦知惴息汗下，见诋词之甚难，招祸患之甚易也。"同理，成语"冥顽不灵"也可作"顽冥不灵"。如明方孝孺《豫让论》："（智）伯虽顽冥不灵，感其至诚，庶几复悟。"《醒世因缘传》卷三十九："这人想是顽冥不灵，也不晓得宗师的美意。"

因此，《现代汉语词典》中"冥顽"宜改释为"愚昧；愚蠢"。

【愚顽】 形 愚昧而顽固。(《现代汉语词典》第 1598 页)

同义复词的组词规律告诉我们，当两个具有共同意义的单音节语素组合在一起时，就构成了同义复词。对于同义复词，绝不能用拆词解字的方法去理解和释义，否则会导致望文生义的错误。"愚顽"一词就是如此，《现代汉语词典》硬生生将其拆开来解释，误解了"顽"的愚昧义，当然也误解了其同义复词的特性。

"顽"的愚昧、蠢笨之义，上文已有论述，不需赘述。"愚顽"的同义复词用例，可以作些具体分析。

1. 从陈文英的眼睛看来，周炳这时候是愚顽、固执、没有教养和不近人情的。(欧阳山《苦斗》)
2. 王满银那颗愚顽痴蠢的心，就像被利锥猛戳了一下。(路遥《平凡的世界》)
3. "倒要向您请教一下，如果人们都靠左走，那右边谁走呢？"人们被这愚顽的甚至有点滑稽的问题弄得哄堂大笑起来。(柳溪《战争启示录》)
4. 贺达郑重地说："我这个人看上去聪明，实际愚顽得很。"(冯骥才《走进暴风雨》)

例1中"愚顽"和"固执"并提，可见"愚顽"不可能有顽固义；例2中的"痴蠢"也是愚笨的意思，"愚顽"跟"痴蠢"连用，显然表达的都是愚笨义；例3所说的"如果人们都靠左走，那右边谁走呢"的问题，只能说愚蠢，谈不上顽固，因而"愚顽"表达的也是愚笨的意思；例4中的"愚顽"对应前句的"聪明"，两者明显是反义词，因而也只能理解为愚蠢。

由上可以看出，《现代汉语词典》"愚顽"的释义应改为"愚昧；愚笨"。

【都市】 名 大城市。(《现代汉语词典》第319页)

此释不仅易使读者误认为"都市"是偏正结构的词语，而且"大城市"的释义语也不确切。请看以下报纸的文章标题：

1. 上海已具国际文化大都市基本样态(《解放日报》2021年5月14日)

2. 上海：用大都市强劲动能领跑长三角（《光明日报》2021年5月23日）

3. 奋力创建社会主义现代化国际大都市（《经济日报》2021年7月7日）

如果"都市"确如词典所释是"大城市"的话，以上三个标题中的"大都市"，不就成了"大的大城市"？这应该不符合作者的表达意图和大众的认知吧。此其一。其二，《现代汉语词典》释"都会"为"都市：国际大都会"，释"都市病"为"城市病"，这岂非自相矛盾？

其实，"都市"是个同义复词，应该释为"城市"。"都"有城市义吗？回答是肯定的。《说文·邑部》："都，有先君之旧宗庙曰都。"《左传·庄公二十八年》："凡邑，有宗庙先君之主曰都，无曰邑。"杜预注："宗庙所在，则虽邑曰都，尊之也。"《慧琳音义》卷二十二引《慧苑音义》"人王都邑"注引《汉书音义》："都，城也。"诚如《王力古汉语字典》第1463页辨析"邑"、"都"、"国"三字时所言："到了周代指称都市时，诸侯国君的都城称'国'，国君的子弟或卿大夫的封邑叫'邑'，他们经常居留并设有祖庙的城市叫'都'。……战国以后，'国'的意义扩大，一般不再用作国都义，'邑'也多用于郡邑义，'都'逐渐成为城市的通称，构成'都市'、'国都'、'京都'等复音词。"

"都"的城市义还可由下面两个家喻户晓的例子得到确证。《左传·隐公元年》："都城过百雉，国之害也。"杨伯峻注："都谓都邑，城谓城垣。"可见，这里的"都城"是指城市的城墙，"都"即城市义。《史记·廉颇蔺相如列传》："秦王恐其破璧，乃辞谢固请，召有司案图，指从此以往十五都予赵。"这里的"十五都"是十五座城市的意思，"都"亦即城市义。

正因"都"有城市义，故当跟表示城市的语素"市"组合在一起时，就构成了同义复词"都市"。晁错《论贵粟疏》："而商贾大者积贮倍息，小者坐列贩卖，操其奇赢，日游都市，乘上之急，所卖必倍。"杜甫《夔州歌十绝句》（其八）："忆昔咸阳都市合，山水之图张卖时。"

老舍《四世同堂》十五："北平虽然作了几百年的'帝王之都',它的四郊却并没有受过多少好处。一出城,都市立刻变成了田野。"艾芜《人生哲学的第一课》："昆明这都市,罩着淡黄的斜阳,伏在峰峦围绕的平原里,仿佛发着寂寞的微笑。"毋庸置疑,这些古今用例中的"都市"都是城市的意思。因此,《现代汉语词典》"都市"的释义应删去"大"字,改为"城市"。

【情怀】名 含有某种感情的心境:抒发～。(《现代汉语词典》第1068页)

此释不够简明,也容易使读者误以为"情怀"是偏正结构,"怀"是心境义,"情"是感情义。其实,"心境"就是心情的意思,"含有某种感情的"这个修饰语完全多余,应该删去或加括号。因为这属于语用方面的提示,在实际使用中,"情怀"就是感情、心情的意思,如"家国情怀"、"爱国情怀"、"浪漫情怀"、"复古情怀"、"少女情怀"等,即使是例词"抒发情怀"的"情怀",也是感情的意思。

从构词法上说,"情怀"属于并列结构,即是一个同义复词。请看"怀"的感情义,《玉台新咏·古诗为焦仲卿妻作》："新妇谓府吏,感君区区怀。""区区怀"意谓真挚的感情,"怀"就是感情之义。晋陶潜《饮酒二十首》之九："清晨闻叩门,倒裳往自开。问子为谁欤,田父有好怀。""好怀"意谓好心情,"怀"就是心情之义。南朝宋刘义庆《世说新语·文学》："当共言咏,以写其怀。""写其怀"是抒发感情的意思,"怀"仍是感情之义。

同义复词"情怀"古已有之,《后汉书·何进传》："今当远离宫殿,情怀恋恋。"明孟称舜《娇红记》第四出："今春寒昼冷,独倚绣床,情怀寂寞,畅好可怜人也。"《今古奇观》卷三："阿秀听罢呆了半晌,那时一肚子情怀,好难描写:说慌又不是慌,说羞又不是羞,说恼又不是恼,说苦又不是苦,分明似乱针刺体,痛痒难言。"这三例中的"情怀"

宜理解为"感情"。下面三例中的"情怀"则宜理解为"心情",唐杜甫《北征》诗:"老夫情怀恶,呕泄卧数日。"元乔吉《金钱记》第三折:"扫愁寻扫不了我郁闷情怀。"郁达夫《过去》:"两旁店家的灯火,照耀得很明亮,反照出了些离人的孤独的情怀。"

因此,《现代汉语词典》中的"情怀"宜释为"感情;心情"。

【亲手】副 用自己的手(做):你～种的两棵枣树,现在长得可大啦。(《现代汉语词典》第1058页)

这个解释不仅跟所指的副词词性不甚吻合,而且将"亲手"的"手"以实义解释,有望文生义之嫌。请看现代汉语中的"亲手"用例:

1. 倪钟向来对子女要求严格,听闻此事后十分震怒,亲手将倪瑞交给三法司处理,并称倪瑞活不是倪氏子,死不能入谱墓。(卢金增等《倪钟:亲手将受贿儿子送三法司处理》,《检察日报》2017年12月19日)

2. 党的十八大以来,习近平主席亲手擘画、亲力亲为,以深邃的思想指引、强大的行动感召和鲜明的榜样示范,引领中非关系不断跃上新高度、奋发新作为、迈向新境界。(国纪平《亲手擘画蓝图,亲力践行合作》,《人民日报》2018年9月8日)

3. 胡一天饰演的韩商言弟弟吴白,也因为亲手投资了这段爱情,而成为网上的热议对象。(张坤玉《"吴白"胡一天对亲手投资的"佟言"恋很满意》,《新京报》2019年8月1日)

以上三例中的"亲手",明显不能以"用自己的手(做)"释之。细加揣摩,当以"亲自"理解为妥。

我们认为,"亲手"的"手"是亲自义。《后汉书·隗嚣传》:"帝报以手书曰:'慕乐德义,思相结纳。昔文王三分,犹服事殷。'"清惠栋补

注:"郑康成云:'手犹亲也。'""手书"就是亲自书写的文字。《南史·沈攸之传》:"又皇太后使至,赐攸之烛十挺,割之,得太后手令。""手令"就是亲自发布的命令。《二刻拍案惊奇》卷十四:"还有数字在内,须县君手自拆封,万勿漏泄则个。""手自"就是亲自的意思。因此,"亲手"是个同义复词,应当解释为"亲自",《现代汉语词典》的释义应加修正。

【亲昵】 形 十分亲密:她～地依偎在母亲怀里。(《现代汉语词典》第 1057 页)

此释可能会使读者产生误解,以为"亲昵"是偏正结构,"亲"是"十分"的意思。不仅如此,"亲昵"的这种释义也难以说通下面的例句:

1. 当日,他俩从伦敦乘英国皇家空军直升机,降落在细雨霏霏的华威校园草坪上。克林顿和布莱尔十分亲昵地携手走下飞机。(张晓《英美人的"单相思"》,《光明日报》2001 年 12 月 14 日)

2. 小军的妈妈高女士和小伟的妈妈刘女士都是下岗女工,每周一至周五,她们带着孩子到福利院的康复中心做训练(包括肢体康复和学前辅导),看得出,孩子和她们很亲昵。(周朗《为了残疾孤儿的未来》,《人民日报》2005 年 5 月 27 日)

3. 伪虎鲸追上宽吻海豚后,不仅没有大开杀戒,双方反而表现得非常亲昵。(潘飞《海洋中也有"人间世"》,《解放日报》2018 年 6 月 23 日)

上述例句中的"亲昵"前分别有"十分"、"很"、"非常"等表示程度高的副词修饰,如果"亲昵"是十分亲密的意思,岂非叠床架屋、重复累赘?

其实,"亲昵"是个同义复词,当释为"亲密"。"昵"的亲密、亲近义,古已有之。《集韵·质韵》:"昵,亲也。"《左传·成公十三年》:"诸侯备闻此言,斯是用痛心疾首,昵就寡人。"陆德明《经典释文》:"昵,亲也。"下面四例中的"昵"都是亲密、亲近的意思,《逸周书·官人》:"远之以观其不二,昵之以观其不狎。"《南史·谢澹传》:"初,澹从弟混与刘毅昵,澹常以为忧。"宋叶适《刘公墓志铭》:"儒臣易竦,近幸易昵。"《徐霞客游记·滇游日记二》:"其人不习汉语,而素昵彝风,故勾引为易。"因此,"亲昵"当释为"亲密,亲热",《现代汉语词典》当作修改。

【赋税】名 田赋和各种捐税的总称。(《现代汉语词典》第413页)

"田赋"是"各种捐税"中的一种,词典用"和"字将两者并列起来,不够确切。从表述来看,应将"和"改为"等"。

在古汉语中,"赋"固然多指田赋,即农业税,"税"多指田赋以外的各种税。但两者都有"税"这一共同意义。《广雅·释诂》:"赋,税也。"《吕氏春秋·孟冬》"收水泉池泽之赋",高诱注:"赋,税也。"当"赋"、"税"这两个同义语素组合成同义复词"赋税"后,就泛指一切的税和税收。如《管子·山至数》:"古者轻赋税而肥籍敛。"唐韩愈《潮州祭神文》之二:"农夫桑妇将无以应赋税继衣食也。"曹禺等《胆剑篇》第四幕:"减赋税,省刑罚,开沟洫,选贤能,轻徭役,叫百姓先富足起来。"尤其在现代汉语里,"赋税"跟"税"、"捐税"等词是同义的。诚如有学者指出的,"税收"亦称"赋税"、"租税"、"捐税",是国家为满足社会公共需要,依据其社会职能,按照法律规定,参与国民收入中剩余产品分配的一种规范形式。

因此,同义复词"赋税"不应像《现代汉语词典》那样拆开来分别解释,而应该解释为"税,税收"。

【租税】名 旧时田赋和各种税款的总称。(《现代汉语词典》第1748页)

同前所述,"田赋"是"各种税款"中的一种,词典用"和"字将两者并列起来,不够确切。从表述来看,应将"和"改为"等"。

此外,"租"除了"田赋"之义外,还可泛指赋税。《广雅·释诂》:"租,税也。"《史记·张释之冯唐列传》:"李牧为赵将居边,军市之租皆自用飨士。"司马贞索引:"谓军中立市,市有税,税即租也。"当"租"和"税"组合在一起时,就构成了同义复词。这样的用例,古今皆有。古代的如《韩非子·诡使》:"习悉租税,专民力,所以备难充仓府也。"《后汉书·张禹传》:"禹上疏求入三岁租税,以助郡国禀假。"《清史稿·食货志一》:"凡滋生人丁,永不加赋,又普免天下租税,至再至三。"当代的如:

1. 针对产业发展及创新的需求,并因应"促进产业升级条例"中的租税优惠在2009年底结束,今年4月16日,台湾行政部门通过"产业创新条例"草案作为接续政策。(杜榕《台湾精品18年打造"黄金圣衣"》,《人民日报》2010年6月4日)

2. 有点遗憾的是,由于部分台湾民众尚存一些疑虑,酝酿已久的两岸避免双重课税的租税协议还是没能签署。(远猷《两岸租税协议是减税,非查税》,《人民日报》2014年3月20日)

3. 公司型股权基金对我国基金投资领域发展有着很大的作用,根据比例原则,应保证租税征收有度与适度税收优惠相结合。(闻军、王乐《股权基金税收政策亟须优化完善》,《人民日报》2014年12月8日)

因此,《现代汉语词典》"租税"一词的释义,除"旧时"、"和"的表述与实际不一致外,还犯了把同义复词拆开进行分释的错误,导致表义不清晰明白。我们认为,《现代汉语词典》中的"租税"应改释为

"税,税收"。

【敬畏】 动 又敬重又畏惧:令人～。(《现代汉语词典》第695页)

此释将"敬畏"的"畏"释为"畏惧",不够确切。请看下面的媒体用例:

1. 世间最宝贵的是生命,如果一个人连生命都不在乎,还能指望他对什么有所热爱?尊重生命、敬畏生命,学会爱别人也爱自己,本该是教育不可少的底色,却成了少年的盲区。(智春丽《敬畏生命,是教育不可少的底色》,《人民日报》2015年12月10日)

2. 每一起户外运动爱好者被困、失联、遇难的事故,都打破了敬畏自然、爱护生命、遵守法规的出行原则,都耗费了救援力量和公共资源高速运转的巨额成本。(盛玉雷《户外运动,当遵守法纪敬畏自然》,《人民日报》2019年5月17日)

3. 这群志愿者满怀热爱与责任,激发了更多人对历史文化的敬畏之心,聚起了更强的保护之力。(刘洪超、胡婧怡《以敬畏之心,聚保护之力》,《人民日报》2020年8月26日)

从上述例子可以看出,"敬畏"的对象是生命、自然、历史文化。如果将"敬畏"解释为"又敬重又畏惧",读者就会感到困惑:生命、自然、历史文化,有什么好畏惧害怕的?

其实,"敬畏"的"畏"不作畏惧解。《广雅·释训》:"畏,敬也。"《大戴礼记·卫将军文子》:"畏天而敬人,服义而行信。"王聘珍解诂:"畏,亦敬也。"《礼记·曲礼上》:"贤者狎而敬之,畏而爱之。"郑玄注:"心服曰畏。"《论语·季氏》:"孔子曰:君子有三畏:畏天命,畏大人,畏圣人之言。"皇侃疏:"心服曰畏。"可见,"畏"有敬、敬重、心服之义,下面例句中的"畏"皆作此解。《论语·子罕》:"后生可畏,焉知来者之不如今也。"《汉书·英布传》:"布善用兵,民素畏之。"唐韩愈《寄卢仝》诗:"先生固是余所畏,度量不敢窥涯涘。"宋叶适《太府少卿李公墓志铭》:"少游太学,诸生畏其能。"

"畏"既有敬义,故能与"敬"组成同义复词"敬畏",请看文献用例:

1. 故以耕则多粟,以仕则多贤,是以圣王敬畏戚农。(《管子·小匡》)
2. 乃命于帝庭,敷佑四方,用能定汝子孙于下地,四方之民罔不敬畏。(《史记·鲁周公世家》)
3. 初,佛狸讨羯胡于长安,杀道人且尽。及元嘉南寇,获道人,以铁笼盛之。后佛狸感恶疾,自是敬畏佛教,立塔寺浮图。(《南齐书·魏虏传》)
4. 陛下敬畏天命,克己修身。(韩愈《贺太阳不亏状》)
5. 始,熹少时,慨然有求道之志。父松病亟,尝属熹曰:"籍溪胡原仲、白水刘致中、屏山刘彦冲三人学有渊源,吾所敬畏,吾即死,汝往事之,而惟其言之听。"(《宋史·朱熹传》)

例1中的"敬畏",谢浩范、朱迎平的《管子全译》注为:"犹言敬服。畏,心服。《礼记·曲礼上》:'(贤者)畏而爱之。'郑玄注:'心服曰畏。'"例2中的"罔不敬畏"意谓没有不敬服的。例3、例4"敬畏"的是佛教和天命,亦以理解为敬服为宜。例5"敬畏"的是胡原仲等三个人,显然也是敬服之义,绝不能理解成"又敬重又畏惧"。

此外,同义复词通常具有倒序言之而意义不变的特点。"敬畏"的倒序词"畏敬",在文献中不乏用例:

1. 孔子曰:"君子有三畏:畏天命,畏大人,畏圣人之言。"彼岂无伤害于人,如孔子徒畏之哉!以此见天之不可不畏敬。(《春秋繁露·郊语篇》)

2. 伏惟陛下躬行孝道，修明经术，郊祀天地，畏敬鬼神，忧恤黎元，劳心不息。(《后汉书·钟离意传》)

3. 尝与群公侍坐于太祖，及退，太祖谓左右曰："此公闲雅，孤每与语，尝肃然畏敬，恐有所失。"(《周书·长孙俭传》)

4. 来往江表，吴人见之四十余年，颜色如旧。其行若飞，所至之处，人畏敬若神明矣，无敢戏侮者。(《太平广记》卷七〇《徐仙姑》)

例1中的"畏敬"对应句中的"畏"，是敬服之义。例2中的"畏敬鬼神"亦即《论语》"敬鬼神而远之"的"敬鬼神"，"畏敬"是礼敬、敬重的意思。例3是太祖对手下人说，我每次跟长孙俭交谈，常常肃然起敬，其中的"畏敬"就是敬畏、敬重的意思。例4中的"畏敬若神明"其实就是"敬若神明"，可见"畏敬"就是敬、敬服的意思。

综上所述，同义复词"敬畏"应当释为"敬服；敬重"。

【胜任】动 能力足以担任：～工作｜力能～。(《现代汉语词典》第1174页)

此条的释义不够明确，尤其是释义语"能力"容易产生误解，以为"足以担任"的只是指"能力"。其实，除能力之外，也可以是力量、态度、学历、地位等，即以词例"力能胜任"来说，已经指明了"力"，显然就不需要再说是"能力"了。

我们认为，"胜任"是一个同义复词。先看"任"字。《广韵·侵韵》："任，当也。"《左传·僖公十五年》："重怒难任，背天不祥。"杜预注："任，当也。"《汉书·石显传》："愚臣微贱，诚不能以一躯称快万众，任天下之怨。"颜师古注："任，犹当也。"可见，"任"有担当、承受的意思。再看"胜"字，《说文·力部》："胜，任也。"《诗·商颂·玄鸟》："武丁孙子，武王靡不胜。"毛传："胜，任也。"这里《说文》、毛传释作"任"的"胜"，就是承担、禁得住之义，下面三例中的

"胜"也是此义。《韩非子·扬权》："枝大本小，将不胜春风。"唐温庭筠《懊恼曲》："藕丝作线难胜针，蕊粉染黄那得深。"《红楼梦》第三回："（黛玉）身体面貌虽弱不胜衣，却有一段风流态度。"

语素"胜"和"任"都有担当、禁得起之义，因而组合成"胜任"后就成了同义复词。《庄子·秋水》："且夫知不知是非之竟，而犹欲观于庄子之言，是犹使蚊负山，商蚷驰河也，必不胜任矣。"宋张咏《县斋秋夕》诗："才薄难胜任，空销懒惰情。"柳青《创业史》第一部第十八章："世富老大自信：他能胜任这个角色。"王小波《黑铁时代》："除非得了数盲症。我简直想患数盲症，主要是因为现在的工作不能胜任。"从这些古今书证可以看出，"胜任"径直释为承受、担当、受得起即可，不必也不应加上"能力"、"足以"、"能力足以"这些释义语。

【真诚】 形 真实诚恳；没有一点儿虚假：～的心意｜～帮助。（《现代汉语词典》第1662页）

"真诚"其实是个同义复词，"真"义同"诚"，是诚恳的意思。《荀子·劝学》："真积力久则入，学至乎没而后止也。"杨倞注："真，诚也。"《说文·匕部》段玉裁注："真，引申为真诚。"《文子·精诚》："夫抱真效诚者，感动天地，神逾方外。"此例的"真"和"诚"相对成文，可见"真"即诚、诚恳义。成语"真心诚意"亦是"真"、"诚"对文成义。

因此，同义复词"真诚"释为"诚恳"即可。因为"诚恳"是真挚而恳切的意思，包含了"真实"、"没有一点儿虚假"之义。

【愚痴】 形 愚笨痴呆。（《现代汉语词典》第1598页）

"痴"有愚笨、不聪明的意思。《慧琳音义》卷十六"贪瞋痴"注引《考声》："痴，愚也。"《说文·疒部》："痴，不慧也。"段玉裁注："痴者,迟钝之意,故与慧正相反。"显然,"愚痴"一词属于同义复词。

同义复词的解释不能用拆词释义的方法,因为使用这种方法,会导致轻者释义含混、重者释义错误等问题。《现代汉语词典》对"愚痴"的释义就属于含混模糊,会给读者带来误解,以为"痴"和"愚"的意思是不一样的。因此,"愚痴"的释义宜改为"蠢笨"。

【讲和】 动 结束战争或纠纷,彼此和解。(《现代汉语词典》第646页)

此释过于烦琐,也不利于读者了解"讲"的意思。《说文·言部》:"讲,和解也。"《战国策·齐策二》:"秦攻赵,赵令楼缓以五城求讲于秦,而与之伐齐。"高诱注:"讲,和。"《史记·苏秦列传》:"已得讲于魏,至公子延,因犀首属行而攻赵。"司马贞索隐:"讲,和也,解也。"《资治通鉴·周威烈王二十三年》:"已而知文侯以讲于己也,皆朝于魏。"胡三省注:"讲,和也。"可见,"讲和"为同义复词,义为"和解"。

以此验诸古文献中的"讲和"用例,莫不妥帖稳当。《新唐书·张说传》:"始为相时,帝欲事吐蕃,说密请讲和以休息鄯塞。"明李贽《与友人书》:"我欲托晋老作一书与偶愚,专专劝其回心讲和为佳。"清侯朝宗《太子丹论》:"宋之亡也,秦桧、汤思退之流,日以挑衅之说,挟持杀戮天下之谋臣战将,始终以讲和误其国。"

在现代汉语里,"讲和"释为"和解"也是简明顺畅。请看:

1. 可聪明、刚烈的卡斯帕罗夫竟然也有同国际棋联讲和的一天,可见时间不饶人、年龄不饶人乃是客观规律。(李中文《和为贵》,《人民日报》2002年10月29日)

2. 塔利班方面,目前也没有谈判的诚意,真要和当局讲和,还要看自己能否和"基地"组织"划清界限",这绝不是一件容易的事。(丁子《驻阿联军谋协调》,《人民日报》2007年10月26日)

3. 一度水火不容的巴勒斯坦两个主要政治派别,巴民族解放运动

（法塔赫）和巴伊斯兰抵抗运动（哈马斯），终于在 27 日握手言和。虽然它们未来关系走势还不十分清晰，但起码两派讲和这一行动本身意义非同寻常。（黄培昭、王恬《巴内部两派迈向和解》，《人民日报》2011年 4 月 29 日）

因此，《现代汉语词典》"讲和"的解释宜改为"和解"。

【劫掠】 动 抢劫掠夺。（《现代汉语词典》第 665 页）

《现代汉语词典》用"抢劫"解释"劫"，用"掠夺"解释"掠"，看似一一对应，其实释义繁复，这是忽略"劫掠"构词特点所致。

《玉篇·手部》："掠，掠劫财物。"《左传·襄公二十一年》："栾盈过于周，周西鄙掠之。"杜预注："劫掠财物。"这里对"掠"的注解，一用"掠劫"，一用倒序词"劫掠"，可见"劫掠"为同义复词。从语素义来说，"劫"和"掠"都有抢夺这一意义。

对于同义复词，不宜用拆词解字的方法进行解释，而应将其视作一个整体，用简明的语言加以释义。因此，《现代汉语词典》"劫掠"宜释为"抢夺"。

二、释义不够简明

简洁明了是语文辞书在释义语言上努力的方向。一般来说，语文词典的释义要求使用词典语言，即用精练的语言揭示所释词的内涵，方便读者理解，努力避免烦冗累赘、模棱两可。在这方面，《现代汉语词典》（第 7 版）还有不少值得改进的地方。

【倍加】 副 表示程度比原来深得多：～爱惜｜雨后的空气～清新。（《现代汉语词典》第 58 页）

此释繁复，不便于读者掌握。其一，"倍加"的"倍"是更加之义，《集韵·队韵》："倍，加也。"《庄子·养生主》"是遁天倍情"成玄英疏："倍，加也。"唐王维《九月九日忆山东兄弟》"独在异乡为异客，每逢佳节倍思亲"的"倍"，用的即是此义。其二，"倍加"乃同义复词，可释为"更加；越发"，下列古今文献例句皆可证明。

1. 又京师者，四方之腹心，国家之根本，其百姓实宜倍加忧恤。（韩愈《御史台上论天旱人饥状》）
2. 太子还宫，共妻耶输陀罗倍加精进。六时行道，无时有阙。（敦煌写卷伯 2999 号《太子成道经》）
3. 那保安州属宣府，是个边远地方，不比内地繁华，异乡风景，举目凄凉。况兼连日阴雨，天昏地黑，倍加惨戚。（《今古奇观》第四十九卷）
4. 进去时灯光是很幽晦的，倒没有感觉着什么，出来时因为油份充足，灯光倍加明亮，左右两手各提着三四盏，自己都觉得好像是成了一位火焰天使，要飞起来的一样。（郭沫若《北伐途次》）
5. 它要求我们，牢牢把握发展这个主题，紧紧抓住和奋力推动发展这个第一要务。它提醒我们，只有倍加珍惜难得的机遇，聚精会神搞建设，一心一意谋发展，才能从根本上把握最广大人民的愿望，把握社会主义现代化建设的本质，把握我们党执政兴国的关键。（郑青原《在大有作为的时代更加奋发有为》，《人民日报》2010 年 10 月 21 日）
6. "无独有偶，英国政府也对自行车这种方便又环保的出行方式倍加推崇。"（郭冲《环保出行成时尚》，《人民日报海外版》2012 年 7 月 28 日）

因此，《现代汉语词典》中"倍加"的释义宜改为更加明确、便于读者掌握的"更加；越发"。

【扑打】 动 用扁平的东西猛然朝下打：～蝗虫。(《现代汉语词典》第 1015 页)

"扑"即击打意，王筠《说文解字句读·手部》："《字林》：'手相搏曰扑也。'扑，打也。"《淮南子·说林训》："荫不祥之木，为雷电所扑。"高诱注："扑，击也。""扑打"乃同义复词，释为"击打；拍打"即可。《现代汉语词典》使用"用扁平的东西"、"猛然"、"朝下"这样的修饰语来限定"打"，并不符合现代汉语实际。请看下面的例子：

1. 内蒙古满归灭火现场，马日史初冲在一线扑打火头，两天两夜没合眼、连续转战和背送给养的他最终因过度劳累，晕倒在了火场。(丁志军等《马日史初：从放羊娃到养猪士官》，《人民日报》2012 年 1 月 17 日)

2. 攀上古驿宽阔的城道，从鸡鸣山荡来的秋风夹裹着一股凛冽的寒气，扑打在我的脸上。(周贵亮《鸡鸣古驿沐秋风》，《人民日报》2011 年 11 月 7 日)

3. 平房的灰色屋顶上，蒿草迎风摆动，几只白色的鸽子扑打着翅膀，朝写着福字和春联的木门飞去，接着响起一连串哨声。(刘爽《王继民笔下的胡同》，《人民日报海外版》2011 年 1 月 7 日)

例 1 中"扑打火头"，难道非用"扁平的东西"不可？例 2 中"扑打在我的脸上"的寒气，跟"扁平的东西"根本无关，也不一定非得"朝下"扑打过来。例 3 中"白色的鸽子扑打着翅膀"，似乎也看不出"猛然"之意。显然，《现代汉语词典》"扑打"条的释义难以自圆其说，这是释义缺少概括性造成的。

【剩余】 动 从某个数量里减去一部分以后遗留下来：不但没有亏欠，还～了不少。(《现代汉语词典》第 1175 页)

此释累赘拗口，不便读者掌握。其实，"剩余"的"剩"义同"余"，是多余、余下的意思，《字汇·刀部》："剩，余也。"成语"剩水残山"，"剩"和"残"相对为文，亦可证"剩"是多余之义。因而"剩余"当是同义复词，可径直释为"多余；余下"。

【方才】……② 副 表示时间或条件关系，跟"才"相同而语气稍重：等到天黑，他～回来。(《现代汉语词典》第366页)

义项②的解释烦冗拖沓，不够确切。所谓"跟'才'相同而语气稍重"云云，其实是不了解"方才"是同义复词所致。"方才"的"方"义同"才"，《广雅·释诂一》："方，始也。"这里的"始"即相当于"才"。下面三例中的"方"也都是"才"的意思。《世说新语·纰漏》："既食，吐下委顿，方知非蟹。"《梦溪笔谈·杂志一》："祥符中，因造玉清宫，伐山取材，方有人见之。"《红楼梦》第四回："（薛姨妈）今年方五十上下，只有薛蟠一子。""方才"是同义复词，可径直释为"才"。至于"方才"跟"才"的区别，并非在"语气稍重"上，而是一为双音节的书面语词，一为单音节的口语词。因此，"方才"的义项②宜修订为"〈书〉 副 才。表示时间或条件关系"。

【峰峦】 名 山峰和山峦：～起伏｜～重叠。(《现代汉语词典》第394页)

一个比较简单的词语，被《现代汉语词典》的编写者用拆词解字的方法弄得不再简单明白："峰"是山峰，"峦"是山峦，那么"山峦"又是什么意思呢？即使在词典查到"山峦"条是"连绵的山"之义，还是难以理解"山峰和连绵的山"这种说法。其实，"峰峦"是一个同义复词，可径直释为"山峰；群山"。以此验诸《现代汉语词典》所举的例子和当代传媒，都贴切稳妥。

【推求】动 根据已知的条件或因素来探索（道理、意图等）：～对方的动机。（《现代汉语词典》第1331页）

此释过于烦琐，不够简明。"推求"的"推"义同"求"。《淮南子·原道训》："是故天下之事，不可为也，因其自然而推之。"高诱注："推，求也。""推求"为同义复词，乃寻求、探求之义。例如，《后汉书·独行传·王烈》："后有老父遗剑于路，行道一人见而守之，至暮，老父还，寻得剑，怪而问其姓名，以事告烈。烈使推求，乃先盗牛者也。"北魏贾思勰《齐民要术·作酱等法》"作鳢鲡法"原注："昔汉武帝逐夷至于海滨，闻有香气而不见物，令人推求，乃是渔父造鱼肠于坑中，以至土覆之，香气上达。"清纪昀《阅微草堂笔记·滦阳消夏录二》："宋儒事事言理，此理从何处推求耶？"孙中山《革命军的基础在高深的学问》："由中国和俄国革命的结果不同，推求当中原因，便是我们的一个大教训。"这些例句中的"推求"都是寻求、探求的意思。因而《现代汉语词典》"推求"的释义完全可改得简明些。

【恳切】形 诚恳而殷切：言辞～｜情意～｜～地希望得到大家的帮助。（《现代汉语词典》第743页）

此释不够确切。首先，"恳切"的"切"是诚恳的意思，而不是殷切之义。《古今韵会举要·屑韵》："切，剀切也。"《汉语大字典》"切"字义项⑥释曰："诚恳；直率。"《史记·万石张叔列传》："建为郎中令，事有可言，屏人恣言，极切。"宋苏轼《明君可与为忠言赋》："论者虽切，闻者多惑。"这两例中的"切"都是诚恳之义。"切"之诚恳义，我们还可以从"诚切"、"切悫"这两个表示诚恳义的词语中得到旁证，《后汉书·光武帝纪上》："纯言甚诚切，光武深感，曰：'吾将思之。'"《后汉书·承宫传》："数纳忠言，陈政，论议切悫。"同理，"恳切"也是同义复词，当释为"诚恳"。其次，"殷切"是"深厚而急切"之义，参见《现代汉语词典》"殷切"条。若将《现代汉语词典》对"恳切"之释验诸列举的"言辞恳切"、"情意恳切"、"恳切地希望得到大家的帮助"等例子中，显然扞格不通。

因此，"恳切"的正确释义当为"诚恳"。

【辛酸】形 辣和酸，形容痛苦悲伤：～泪｜～的往事。(《现代汉语词典》第1457页)

此释不够简明，也容易误导读者以为"辛酸"的"痛苦悲伤"之义是从"辣和酸"之义引申而来，这或许也是词条编撰者的看法，其实不然。"辛"固然有辣义，但也有痛苦、悲伤之义，《现代汉语词典》"辛¹"字下就列有"痛苦"的义项。"酸"同样有悲痛、伤心之义，参见《现代汉语词典》"酸"字义项③。因而"辛酸"属于同义复词，径直释为"痛苦；悲伤"即可。

另外，《现代汉语词典》在"辛苦"条下释曰："①形 身心劳苦。②动 客套话，用于求人做事。"如果按照"辛酸"这样的释义方法，"辛苦"的义项①岂非也得在前面加上"辣和苦，形容……"这样的语言呢？显然，这是多此一举。

【迁流】〈书〉动 迁移流动：岁月～｜世事～｜～变易。(《现代汉语词典》第1038页)

此释以拆词解字的方法来解释"迁流"，验诸后举的"岁月迁流"等例证，并不畅通。这是词条编写者不知"迁流"为同义复词所致。在"迁流"一词中，"迁"是变迁、变化之义，这应该没有异议。"流"其实也是流变、变化之义，《广雅·释诂三》："流，化也。"《古文尚书·泰誓》："有火自上复于下，至于王屋，流为乌。"孙星衍注引郑玄曰：

"流犹变也。"可见"迁流"为同义复词,释为"变化;演变"即可。验诸古今书证,皆妥帖顺畅。

【摩挲】 动 用手抚摩。(《现代汉语词典》第919页)

"摩"有抚摸义,《现代汉语词典》"摩²"的第②个义项即"抚摸"。"挲"也是抚摸的意思,《汉语大词典》"挲"的释义即为"抚摸",如蒲松龄《聊斋志异·黎氏》"谢四望无人,近身侧,遽挲其腕"的"挲"即是。"摩挲"为同义复词,释为"抚摸"即可,"用手"二字实为蛇足,可删。

在古今文献用例中,"摩挲"前往往会明确点出"手"这一动作的发出者,《齐民要术》卷四"作酸枣䴸法":"盛暑,日曝使干,渐以手摩挲,散为末。"苏轼《赠梁道人》:"采药壶公处处过,笑看金狄手摩挲。"路遥《人生》:"她一只手上去抹自己眼里涌出的泪珠,另一只手亲热地摩挲着巧珍的头。"迟子建《额尔古纳河右岸》:"瓦罗加把我揽入怀中,用手轻轻摩挲我的头发。"

在现代汉语中,甚至有不是人的手发出抚摸的用例:

1. 在烟墩角村,出门见海。岸边成群结队的大天鹅,摆脱了冰天雪地、刺骨寒风,有的闲庭信步,有的交颈摩挲,有的你追我赶、鼓翼欢歌,好不热闹,令岸上的游人流连忘返。(王沛等《2019,新年快乐!》,《人民日报》2019年1月1日)

2. 山峦或高大,或仰卧,建筑是婴孩,就躺在她的臂弯里,静享山泉的乳汁,草木的摩挲,雨后初晴,日光慢慢移过来的注视,徽州人进进出出的呼吸和吐纳。(李丹崖《雨中游徽州》,《人民日报海外版》2020年1月6日)

3. 竹丝编制的龚扇无法再现竹叶摩挲如潇潇雨音,但轻叩龚扇扇柄,可闻"砰砰"擂鼓之声。(王锦强、覃奕《龚扇:清秀俊逸风自

高》,《人民日报海外版》2018 年 7 月 10 日)

这三例中的"(天鹅)交颈摩挲"、"草木的摩挲"、"竹叶摩挲",显然不能以"用手抚摸"来理解。

【道谢】动 用言语表示感谢:当面向他～。(《现代汉语词典》第 270 页)

《现代汉语词典》将"道谢"一词限定为"用言语"的方式表示感谢,缩小了词义范围。验诸现代汉语实际,可以发现并不是所有的"道谢"都是"用言语"来表示的。

1. 俄罗斯"旅行中国"网站负责人雅格京致信道谢,称"中国向有需要的国家伸出援手,这就是真正的友谊"。(颜欢等《"团结一致,才能尽快战胜疫情"——国际社会高度评价中国促进抗疫国际合作》,《人民日报》2020 年 4 月 13 日)

2. 比如有日本政客为台参与世卫大会说话了,蔡英文立马就发推特以日文道谢。(任成琦《新媒体成台政客互撕工具:蔡英文被讽"推脱施政"》,《人民日报海外版》2017 年 5 月 12 日)

3. 开场规定由男方邀请女方开唱,对歌结束前,对方以歌道谢。(林娜《壮族"七月香"戏水节》,《人民日报海外版》2011 年 8 月 5 日)

4. "替我感谢所有人!"记者离开病房时,杜师傅不断拱手道谢!(侯琳良、李蕊《"党和政府一定会来救我们!"》,《人民日报》2021 年 1 月 27 日)

例 1、例 2 说明感谢可以通过写信或在社交媒体上发布文章的形式来表达,例 3 说明可以通过唱歌的方式来表达感谢,例 4 说明甚至可以用"拱手"来表示感谢。显然，道谢的形式是多样的，并不局限于"用言语"的方式，《现代汉语词典》应将"道谢"的释义改为"表示感谢"。

【罢课】 动 学生为实现某种要求或表示抗议而集体拒绝上课。(《现代汉语词典》第21页)

此释中的"集体"一词应该删去。据《现代汉语词典》所释，"集体"是"许多人合起来的有组织的整体（跟'个人'相对）"。在现代汉语的实际运用中，"罢课"并非都是集体性的活动。例如：

1. 在声势浩大的"一二·九"抗日救亡运动中，吴老是燕京大学医预科仅有的参加罢课的两名学生之一。(韩启德《精神永驻，风范长存——深切缅怀吴阶平同志》，《人民日报》2011年3月25日)

2. 也是从那次"罢课"开始，我在家里获得了对课后班的一票否决权。(陈林濠《我的暑假谁做主？》，《人民日报海外版》2017年7月13日)

3. 近日，江苏省南京市江北建新中学初三年级的近200名学生集体"罢课"，抗议学校要求他们周末补课。(李辉《为何把学生"逼急"了》，《人民日报》2004年11月3日)

从例1、例2可以看出，"罢课"的行为主体都不是"许多人"。例1中是两个人，例2中只有一个人。例3在"罢课"前以"集体"一词加以限定，如果"罢课"本就表示集体性活动，那么"集体罢课"的说法就显得叠床架屋，重复多余了。其实，"罢课"的行为主体是集体还是个人，在具体语境中都是明确可知的，不需要在释义时用"集体"加以限定。

同理，《现代汉语词典》"罢工"、"罢教"、"罢考"释义中的"集体"一词也属多余,应当删去。

【凑集】动 凑在一起;聚集:人烟～｜～技术力量。(《现代汉语词典》第220页)

此释中的"凑在一起"就是"聚集"的意思,将两个相同的释义语放在一起,不仅累赘,而且容易产生歧解。

文献中,"凑"有聚集义。《玉篇·水部》:"凑,聚也。"《楚辞·刘向〈九叹·逢纷〉》:"赴江湘之湍流兮,顺波凑而下降。"王逸注:"凑,聚也。"当皆有聚集义的"凑"和"集"这两个语素组合在一起时,就构成了同义复词"凑集",义为聚集。这样的古今用例很多,不再赘举。故《现代汉语词典》不妨将"凑集"释义中的"凑在一起"删去,以使词条释义更加简明。

【诧愕】〈书〉动 吃惊而发愣。(《现代汉语词典》第138页)

此释易使人误以为"诧愕"是"吃惊"和"发愣"两个动作。但遍查辞书,都找不到"愕"有发愣的意思。其实,"诧愕"是同义复词,宜删去"而发愣"三字,径直释为"吃惊"。

检今之字典,"愕"通常收有"惊讶"和"通'谔',直言"两个义项,并无"发愣"义。《广雅·释诂一》:"愕,惊也。"《汉书·张良传》"良愕然"颜师古注:"愕,惊貌也。"宋玉《高唐赋》:"卒愕异物,不知所出。"韩愈《送高闲上人序》:"天地事物之变,可喜可愕,一寓于书。"这两例中的"愕"显然都是惊讶义。

"诧"本有惊讶义,如"诧异"。检《汉语大词典》,当"诧"与其他单音节语素组成"诧～"形式的词语时,"诧"都表惊讶义。故"诧"与"愕"组合在一起时,就构成了同义复词"诧愕",如罗洪先《送客》诗:"登堂燃烛便握手,诧愕调笑生风雷。"《官场现形记》第四十四回:

"前任听了他的说话,晓得他指的是自己,面子上只得做出诧愕的神气,装作不懂。"茅盾《色盲》:"林白霜诧愕地看着他的朋友的猫儿脸,想不出适当的酬答的话语。"叶圣陶《席间》:"'喔,'大家微有诧愕的感觉,但也混和着莫可名状的羡与妒。"这些古今句子里的"诧愕"都是"吃惊、惊讶"的意思。由此可见,现代汉语对"诧愕"一词的理解和使用与古代汉语并无二致。

因此,《现代汉语词典》"诧愕"的释义宜改为"〈书〉 动 吃惊"。

【陈述】 动 有条有理地说出:～理由｜～意见。(《现代汉语词典》第161页)

此释中的"有条有理地"应该删去。否则,既不符合现代汉语的语言实际①,也容易误导读者以为"陈述"是偏正结构的语词。

其实,"陈述"的"陈"与"述"都为"叙述,述说"义,"陈述"乃同义复词。"陈"有"述说"义,《文选·古诗十九首》之四:"今日良宴会,欢乐难具陈。"李善注:"陈犹说也。"《孟子·公孙丑下》:"我非尧舜之道,不敢以陈于王前。"刘孝标《辩命论》:"故言而非命,有六蔽焉尔,请陈其梗概。"《醒世恒言·隋炀帝逸游召谴》:"帝乃泣下沾襟,曰:'子为我陈败乱之理,朕贵知其故也。'"这三例中的"陈"显然都是述说的意思。至于"述"的"叙述,述说"义则人尽皆知,不必赘述。故"陈述"作为同义复词,自古及今的用例都表示"陈说,叙述",《汉语大词典》也作此解释,可为旁证。

因此,《现代汉语词典》"陈述"一词的释义宜改为" 动 说出,叙述"。

【骸骨】 名 人的骨头(多指尸骨)。(《现代汉语词典》第506页)

---

① 日常交际中,我们可以说"有条理地陈述"、"陈述清楚"等。

《广雅·释器》和《玉篇·骨部》并曰："骸，骨也。""骸骨"乃同义复词，义为"骨头，尸骨"，且"骸骨"并非像《现代汉语词典》所释那样专指"人的骨头"，还应包括动物的骨头，因为"骨头"是指"人和脊椎动物体内支持身体、保护内脏的坚硬组织"①。《北史·西域列传》："自敦煌向其国，多沙碛，茫然无有蹊径，欲往者，寻其人畜骸骨而去。"《二刻拍案惊奇》卷十八："若不然，吾辈皆是人类，岂能如虎狼吃那生犬、生人，又毫无骸骨吐弃乎？"显然，这两例中的"骸骨"都包括了动物的"骨头"或"尸骨"。

不仅古代汉语如此，现代汉语中"骸骨"一词也包括了动物的"骨头"或"尸骨"。

1. 澳大利亚新英格兰大学等机构研究人员在新一期美国《古脊椎生物学杂志》上报告说，经鉴定分析，他们确认开采于莱特宁岭的一批蛋白石中包裹着至少4具距今1亿年前的恐龙骸骨，它们属于一种新的食草恐龙，其中一具遗骸是世界上迄今发现的最完整蛋白石恐龙骨骼。（郭阳《澳大利亚科学家在蛋白石中发现恐龙群化石》，《人民日报》2019年6月11日）

2. 早年间，曾经有老雕栖息在这里，它们捕猎河里的鱼，叼到窝里喂养小雕，也捕猎狍子、飞龙、老鼠、松鼠。老雕窝下端的地面上，骸骨累累，一片狼藉。（李青松《大兴安岭笔记》，《人民日报海外版》2020年10月17日）

3. 9月12日10时许，桂林市在灌阳县酒海井发现了第一块人体骸骨，随后发现更多骸骨。（庞革平《安葬湘江战役红军烈士遗骸》，《人民日报》2017年9月25日）

例1明确指出是恐龙的尸骨，例2显然也是指动物的尸骨，例3写明是"人体骸骨"，可见"骸骨"不光指"人的骨头"。

---

① 详见《现代汉语词典》第469页"骨头"条。

综上所述,《现代汉语词典》"骸骨"的释义缩小了词义范围,不符合语言实际,宜改为"名骨头(多指尸骨)"。

【辞别】动临行前告别:～母校,走上工作岗位。(《现代汉语词典》第213页)

此释"临行前"的限定不符合语言事实,请看下面两个句子:

1. 新春佳节之际,阖家团圆,亲友欢聚,辞别离去的一年,互祝新年的到来。(张光政等《红火过春节,他乡似故乡》,《人民日报》2017年2月3日)

2. 身遭不测,辞别人世,已经是哈里里及其亲友的不幸,但如果这一不幸会给他的国家及地区的和平、稳定和发展带来新的负面影响,则将是新的不幸。(王南《哈里里遇害案之忧》,《人民日报》2005年10月27日)

例1中的"辞别"指的是告别过去,辞旧迎新,不存在"临行前"的说法。例2中的"辞别"指的是哈里里的突然去世,对于死亡,他无法预知,更不会有"临行前"的告别。不难看出,《现代汉语词典》"辞别"释义中的"临行前"实属多余,应当删去。

实际上,"辞"义同"别",是分别、告别的意思,《吕氏春秋·士节》:"晏子见疑于齐君,出奔,过北郭骚之门而辞。"高诱注:"辞者,别也。"李白《早发白帝城》"朝辞白帝彩云间"的"辞"即是典型的用例。"辞别"乃同义复词,释为"告别"即可。

【叮咛】(丁宁)动反复地嘱咐:他娘千～万嘱咐,叫他一路上多加小心。(《现代汉语词典》第304页)

此释"反复地"一语实为多余,应当删去。请看下面的例子:

1. 他反复叮咛:"干活时千万要小心,地上有钢筋,别绊倒了"。(范明刚《节日里,我走进了父亲的工地》,《人民日报》2007年5月20日)

2. 她22年来第一次看到父亲落泪,还有照顾好自己的反复叮咛。(张鹏禹《珍藏英雄记忆,描绘精神图谱》,《人民日报海外版》2020年5月7日)

这两个例句都有"反复叮咛"一语,可见"叮咛"不能释为"反复地嘱咐",否则语义就重复了。

【叮嘱】动 再三嘱咐:老师～他,在新的环境里仍要继续努力。(《现代汉语词典》第304页)

此释的问题同上条,"再三嘱咐"的"再三"二字实为多余,应删去。请看下面的例子:

1. "一定要做好防护,发热门诊比病房更辛苦,风险也更高。"陈广放心不下妻子,再三叮嘱她。(李朝全《"同济"战疫记》,《人民日报》2020年4月8日)

2. "无论是否在工作,无论是否在病房,口罩一定要戴上。"疫情发生以来,赵建平对科室的医务人员反复叮嘱。(白剑峰、蔡敏、常宇《科学防护的"逆行战士"——记华中科大同济医院医生赵建平》,《人民日报》2020年2月1日)

3. 由于产妇患者在隔离期间见不到孩子,于世寰多次叮嘱同事,一定要抓住随访契机进行心理疏导。(韩鑫《"精诚合作,打赢这一仗!"》,《人民日报》2020年3月6日)

以上三个例句中的"叮嘱"一词前分别有"再三"、"反复"、"多次"加以修饰,以表示动作发生的频繁。此时如果将"叮嘱"释为"再三嘱咐",就会叠床架屋,语义重复。

其实,"叮嘱"和"叮咛"的词义是一样的,都表示"告诉对方应该怎么样,不应该怎么样",只是"叮嘱"多用于长辈对晚辈或上级对下级的嘱咐,"叮咛"可用于平辈间的嘱咐。

【暴卒】〈书〉 动 得急病突然死亡。(《现代汉语词典》第52页)

此释易使读者误以为"暴"是"得急病"的意思。实际上,"得急病"为冗余成分,应删去。

"暴卒"的"暴"是突然的意思。《广雅·释诂二》:"暴,猝也。""猝"即猝然、突然的意思。《穀梁传·宣公二年》:"灵公朝诸大夫而暴弹之,观其辟丸也。"王引之《经义述闻·春秋穀梁传》:"暴者,猝也,谓猝然引弹而弹之也。""卒"有死亡义,众所皆知,不需赘述。故"暴卒"一词,当释为"突然死亡",而不能认为是"得急病突然死亡"。下面两例就很典型,能充分证明这点。《北史·樊叔略列传》:"将奏,晨至狱门,于马上暴卒,上嗟悼久之。"清纪昀《阅微草堂笔记·如是我闻三》:"白环九司寇,无疾暴卒。"前例说"于马上暴卒",看不出"得急病",后例明确说"无疾暴卒",跟"得急病"明显无关。不仅古汉语如此,即使在现代汉语里,"暴卒"也是跟"得急病"无关的。请看下面的例子:

1. 美国西南部和中部自6月下旬开始连续三周遭到热浪袭击,气温高达摄氏40度至50度,致使森林着火,果树枯萎,家禽暴卒,飞鸟落地。(《世界各地气候反常》,《人民日报》1980年8月8日)

2. 几只海鸟的暴卒固然不足惜,但是污染问题的严重后果,却在数十亿人的心头投下了阴影。(郑以勒《环境与发展——一个事物的两

个方面》,《福建日报》1984 年 2 月 27 日)

例 1 中的"家禽暴卒"并非因为"得急病",而是"遭到热浪袭击"。例 2 中"海鸟的暴卒",也不是"得急病"所致,而是"污染问题"造成的。

综上所述,"暴卒"是"突然死亡"的意思,跟有无"得急病"无关。另外,《现代汉语词典》还收有"暴死"一词,释为"突然死亡"。从词典释义的照应性来看,"暴卒"的释义应跟"暴死"相同。

【呵斥】动 大声斥责:把他～了一顿。也作呵叱。(《现代汉语词典》第 523 页)

此释容易使读者误以为"呵"是"大声"的意思,"呵斥"为偏正结构。其实,"呵斥"是同义复词,释为"斥责"即可,"大声"实乃多余,应删去。

先说"呵斥"的"呵"。《玉篇·口部》:"呵,责也。"《汉书·食货志下》:"(吏)纵而弗呵虖,则市肆异用,钱文大乱。"颜师古注:"呵,责怒也。"

再看"呵斥"的"斥"。《穀梁传·僖公五年》:"晋侯杀其世子申生。目晋侯,斥杀,恶晋侯也。"范宁集解:"斥,指斥也。"《正字通·斥部》:"斥,指而言之也。"

"呵"与"斥"都有指斥、斥责义,故组合后即为同义复词"呵斥",表示斥责。叶圣陶《线下·马铃瓜》:"书吏略微呵斥,密密簇聚的人就让出一条路。"此例中的"呵斥"前有"略微"修饰,可见"呵斥"是"斥责"的意思,不能用"大声"来修饰。路遥《平凡的世界》:"他们周围蹲着几个扛枪的民兵,谁稍微站一下,民兵小分队的人就大声呵斥一阵。"此例中的"呵斥"前有"大声"二字,若"呵斥"释为"大声斥责",语义就会重复,不合汉语简明的要求。

因此,"呵斥"一词的释义应改为"斥责"。

【卑微】 形 地位低下:门第～。(《现代汉语词典》第53页)

此释把"卑微"的范围限定在"地位"上,显得非常狭窄,将之置入现代汉语语境中,很难自圆其说。请看下面的例子:

1. 正因为她们是"牡丹",才能在她们生根的这片客地上站稳脚步,并用不卑微的方法去谋取她们立足的生计,过有生活颜色的日子,不只是凑合着过而已。(赵淑敏《从合欢牡丹面前走过——点评江岚小说〈合欢牡丹〉》,《人民日报海外版》2017年12月20日)
2. 《曹操与杨修》一经推出就引起全国轰动,尚长荣所塑造的"为人性的卑微所深深束缚、缠绕着的历史伟人形象",赢得了当时观众的极力喝彩。(郑娜《"尚长荣三部曲"的传承》,《人民日报海外版》2018年9月29日)
3. 这些鲜活平凡的人生故事,始终牢牢把握一条价值主线:身份的卑微不等于精神的卑微,人格的强大远胜于物质的强大。(李京盛《艺术的归途在时代生活》,《人民日报》2018年1月18日)

从上述例子可以看出,"卑微"一词还可以用来形容"方法"、"人性"、"精神"等,并不一定如词典所言形容"地位低下"。当然,这与"卑微"的构词形式有关。

"卑微"的"卑",有低下、卑微的意思。《广韵·支韵》:"卑,下也。"《易·系辞上》:"天尊地卑,乾坤定矣。""卑"与"尊"相对为文,"尊"为高义,"卑"则是低下义。"卑微"的"微",也有低下、低微的意思。《宋书·彭城王刘义康传》:"府门每旦常有数百乘车,虽复位卑人微,皆被引接。"唐李复言《续幽怪录·李卫公靖》:"卫国公李靖微时,常射猎霍山中。"前例的"位卑人微","微"与"卑"相对为文,自然是低下的意思,后例的"微时"是指地位低下的时候。因而"卑微"一词属于同义复词,义为"低下,低微",《现代汉语词典》的释义宜作修订。

【恩惠】名 给予的或受到的好处。(《现代汉语词典》第343页)

"恩惠"的这种解释不够确切,易使人误以为"恩惠"是偏正结构。再从语言运用来看,这样解释也难以在下列语句中说得通。

1. 借善事敛聚财富者有之,借善事博取名声者有之,更有甚者,从行善中发现了升官发财的"终南捷径",于镜头前道貌岸然,向群众大施恩惠,捞取政治资本,却于镜头后卸下伪装,言行相悖、前后乖离,让人颇为不齿。(刘远通《保持27℃善意》,《人民日报》2017年2月6日)

2. "祖辈自明代搬迁至此,世代受着唐徕渠的恩惠。"韦焕章笑言,"咱村的地,抓一把土能捏出油来!"(朱磊《一水流千年,护渠写新篇》,《人民日报》2018年10月26日)

3. 因母亲的辛勤、父亲的智慧,在大学读书的我们兄弟几个,享受到一个特殊恩惠:只要买书,书钱家里全包!(吉文桥《节节草青青》,《人民日报》2018年5月9日)

以上三例中的"恩惠"前面分别有动词"施"、"受着"、"享受",如果用"给予的或受到的好处"来解释"恩惠"的话,就叠床架屋了。

其实,"恩惠"的"恩"与"惠"同义,都是好处的意思。先看"恩"字,《说文·心部》、《玉篇·心部》皆曰:"恩,惠也。"再看"惠"字,《玉篇》:"惠,恩也。"《荀子·王制》:"马骇舆,则莫若静之;庶人骇政,则莫若惠之。"杨倞注:"惠,恩惠也。"因而"恩惠"属于同义复词,用今语释为"好处"即可。

【疲敝】 形 人力、物力受到消耗，不充足。(《现代汉语词典》第994页)

"疲敝"的这种解释是不确切的。"人力"、"物力"、"不充足"这些用语把"疲敝"的范围限定得非常狭窄，将之置入现代汉语的语境中，很难自圆其说。请看下面的例子：

1. 想来文学的价值之一，或许就在于让人类长葆初心，而远离衰老与疲敝。(沈立岩《文学与人同在》，《人民日报》2017年5月12日)
2. 当时，几千艘宋元战舰在这里互相厮杀，元军势强，势如破竹；宋军疲敝，溃不成军，数十万南宋将士葬身海底，大宋从此灭亡。(曾坤《颜延龄与澳门妈祖文化》，《人民日报海外版》2004年11月4日)
3. 民进党当局上台两年半，施政百无一是，让岛内民众有惊怒无惊喜，让两岸冰封，让台湾经济疲敝、民生凋敝。(王平《民进党正将台湾带向更危险境地》，《人民日报海外版》2018年10月12日)

从上面的例子可以看出，"疲敝"一词可以形容人或军队的疲劳，也可以形容经济发展的疲软，所谓"人力、物力受到消耗，不充足"并不符合语言实际。显然，此词的释义概括性有所欠缺。

其实，"疲敝"是"疲困"的意思，是一个同义复词。《左传·襄公九年》："知武子曰：'许之盟而还师，以敝楚人。'"杜预注："敝，疲也。"《庄子·骈拇》："骈于辩者，累瓦结绳窜句，游心于坚白同异之闲，而敝跬誉无用之言非乎？"陆德明《经典释文》引司马云："敝，疲也。"下面这些句中的"敝"都是"疲困、劳累"的意思。《韩非子·说林上》："晋人伐邢，齐桓公将救之，鲍叔曰：'太蚤，邢不亡，晋不敝；晋不敝，齐不重。'"《史记·项羽本纪》："今秦攻赵，战胜则兵罢，我承其敝。"《汉书·赵充国传》："充国度其必坏，欲罢骑兵屯田，以待其敝。"宋沈作喆《寓简》卷六："人平居终日役役，敝心神，耗气力，忿怒忧愁,顷刻不自乐。"此外,《汉语大字典》"敝"字的第⑥义项为"疲困",也证实了"敝"字有"疲困"之意。"敝"既有疲困义,故可跟"疲"组成同义复词"疲敝"。例如,《后汉书·方术传上·郭宪》:"宪以为天下疲敝,不宜动众。"宋司马光《涑水记闻》卷九:"契丹乘西鄙用兵,中国疲敝,阴谋入寇。"鲁迅《热风·随感录五十九》:"欲望没有衰,身体却疲敝了。"这些句中的"疲敝"都是疲乏、疲困的意思。

"疲敝"亦作"疲弊",也属于同义复词。"弊"的"疲困"义,见《战国策·西周策》"兵弊于周"高诱注:"弊,疲也。"又《战国策·齐策一》"故不如南攻襄陵以弊魏"高诱注:"弊,疲也。"作为同义复词的"疲弊"的用例,如诸葛亮《出师表》:"今天下三分,益州疲弊。"《五代史平话》:"使不得休息,乘其疲弊,可一举而灭之也。"《三国演义》第二十二回:"兵起连年,百姓疲弊,仓廪无积,不可复兴大军。"

因此,根据"敝"的释义,综合现代汉语的用例,笔者认为《现代汉语词典》中"疲敝"的释义应修订为"疲困"。

【改换】动改掉原来的,换成另外的:～门庭｜～生活方式｜这句话不好懂,最好～一个说法。(《现代汉语词典》第417页)

此释不够简明,而且容易使读者误以为"改换"的"换"是"换成、对换"的意思。

其实,"换"义同"改",是改变的意思。《说文·手部》:"换,易也。""易"就是改变的意思。《汉语大字典》、《汉语大词典》"换"字都收有此义。据此,"改换"当为同义复词,义为"改变"。下面的古今用例可为证据:

1. 人只怕面貌不像,那人声音随地改换,如何做得准?你妹子相失两年,假如真在衢州,未必不与我一般乡谈了。(《今古奇观》第四十

六卷）

2. 孝敬皇帝为太子时，改"宏教门"为"崇教门"；沛王为皇太子，改"崇贤馆"为"崇文馆"，皆避名讳以遵典礼。伏望依例改换。（《日知录》第二十三卷）

3. 有此几个讲究，少不得就要委曲下来，改换自己的宗旨。（《官场现形记》第五十四回）

4. 在这些书中，整理者对古籍中字词的注释大多来自《辞源》、《汉语大词典》等辞书，有的甚至连例句也没有改换。（杜羽《摒弃"伪校点""伪注解"》，《人民日报》2017年7月19日）

5. 风经过这里也放慢了速度，岭上还刮着狂风吹着暴躁的口哨，在这里却改换成商量的语调，口里噙着绿叶花蕾，慢腾腾与草木生灵说着休养生息的闲适话题。（杨建民《何处家园寄乡愁》，《人民日报》2017年4月3日）

因此，《现代汉语词典》"改换"的释义宜改为"改变"。

【积攒】 动 一点儿一点儿地聚集：～肥料｜多年省吃俭用，～了一笔钱。（《现代汉语词典》第603页）

"积攒"的"积"有积聚、积累义，不烦赘述。"积攒"的"攒"也有此义，如《陈州粜米》第一折："庄院里攒零合整，收拾的这几两银子籴米，走一遭去来。"《红楼梦》第三十九回："他的公费月例又使不着，十两八两零碎攒了，又放出去。"赵树理《福贵》八："这七八年来，虽然也没有攒下什么家当，也买了一头牛，攒下一窑谷，一大窑子山药蛋。"故"积攒"为同义复词，当释为"积聚，积累"。

《现代汉语词典》将"积攒"释为"一点儿一点儿地聚集"，存在两个问题。

首先，"聚集"一词不够确切。如果"积攒"是聚集义的话，"攒"

就要读cuán，而非读zǎn了。因为《现代汉语词典》"攒（cuán）"字的释义是"聚在一起；拼凑"，而"攒（zǎn）"字的释义为"积聚；储蓄"，且举"积攒"一词为例。因而"积攒"的确切意思是"积聚，积累"。

其次，修饰语"一点儿一点儿地"纯属多余，当删去。请看现代汉语的实际用例：

1. 经过13年常人无法想象的努力，一点一滴地积攒，一点一点地偿还，2015年10月，冯计编终于还清所有欠款。（《德耀中华，第七届全国道德模范候选人事迹（上）》，《人民日报》2019年6月25日）

2. 在当战士的几年中，何方礼靠着微薄的津贴，一分一厘地积攒1800多元，资助6名红瑶女童读完了小学，有的还考入了初中。（罗昌爱《爱洒瑶山育春蕾》，《人民日报》2001年1月17日）

3. 在少先队的倡议下，学校还组织了热火朝天的"义卖"活动，孩子们将家里闲置的玩具、书籍带到学校，通过义卖来筹集资金，为了管理好"活动经费"，各中队还成立"红领巾小银行"。经过几个月的努力，同学们一点点积攒起55个少数民族71名小伙伴的来京路费。（赵婀娜《以我的爱牵你的手》，《人民日报》2011年9月30日）

从上面例子可以看出，"积攒"一词前可以用"一点一滴"、"一分一厘"、"一点点"来修饰限定，可证所谓"一点儿一点儿地"的限定语难以成立，应当删去。

【清净】形①没有事物打扰：耳根～。②清澈：湖水～见底。（《现代汉语词典》第1065页）

义项①的解释虽然不错，但不够简明，不便于读者的理解和掌握，也难以跟下一词条"清静"的释义相照应。

我们认为,"清净"的"净"同"静",是安静的意思。《秦并六国平话》:"休萌战攻侵伐之谋,共享安净和平之福。"《水浒传》第六十六回:"直去北京城内净处守待,只看号火起时施放。"这两例中的"安净"、"净处"分别是安静和安静处的意思。另外,"清"亦有安静的意思。《礼记·孔子闲居》:"清明在躬,气志如神。"孔颖达疏:"清谓清静。"《后汉书·张衡传》:"号冯夷俾清津兮,櫂龙舟以济予。"李贤注:"清,静也。"谢庄《月赋》:"乃清兰路,肃桂苑,腾吹寒山,弭盖秋阪。"吕向注:"清、肃,皆静也。"因而"清净"属于同义复词,是安静的意思。以此解释词例"耳根清净",可谓确切妥帖,而且跟下一词条"清静"的释义"(环境)安静;不嘈杂"也形成照应。因为"清净"其实就是"清静"。

【钓】① 动 用钓钩捕鱼或其他水生动物:～鱼。②比喻用手段猎取(名利):沽名～誉。(《现代汉语词典》第 300 页)

从义项②"比喻"云云,可知《现代汉语词典》是将"钓"的第②义项视作比喻义的。① 这不符合语言使用实际。

据考证,"钓"的本义是"用钓具获取水生动物",亦即《现代汉语词典》所列的第①个义项。由此本义可引申出获取、引诱等引申义。获取义,古代注疏早已指出,《淮南子·主术训》:"虞君好宝,而晋献以璧马钓之。"高诱注:"钓,取也。"《汉书·公孙弘传》:"夫以三公为布被,诚饰诈欲以钓名。"颜师古注:"钓,取也。"因而"钓利"就是获取私利,《韩非子·存韩》:"辩说属辞,饰非诈谋,以钓利于秦。""钓位"就是获取名位,张鼎思《琅邪代醉编》卷二六:"昔太公钓于渭水之溪,而李白以为钓位。""钓名"就是获取美名,《管子·法法》:"钓名之士,无贤士焉。"成语"沽名钓誉"的"钓誉"就是获取名声。显然,"钓"的获取义的出现是符合词义引申规律的,我们不必望文生义

---

① 参见《现代汉语词典》"凡例"4.3。

概括出所谓的比喻义。

因此,《现代汉语词典》"钓"的第②义项可改为"获取,谋取"。

【如²】古汉语形容词后缀,表示状态:空空～也｜侃侃～也。(《现代汉语词典》第1109页)

此释遗漏了"如"作副词后缀的情况。

副词后缀"如"由表"如同、像"等比喻义的"如"演变而来,最早见于《周易》:"贲如,皤如,白马翰如,匪寇婚媾。"对于副词后缀"如",前贤时彦的看法大多一致,杨树达认为,"如"可当"语末助词,为形容词副词之词尾,无义"①。王力认为:"有一类字必须肯定是形容词或副词的词尾,那就是'如'、'若'、'然'、'尔'、'而'等。"② 可见,"如"作副词后缀已成为学界的共识。

因此,《现代汉语词典》"如²"的释义可修正为"古汉语形容词或副词后缀,表示状态",并增补副词后缀的词例"突如"。

【闪】①动闪避:～开｜～道｜～过去｜～在树后。……(《现代汉语词典》第1138页)

前文我们已经论述了"闪避"的"闪"与"避"同义,是躲避的意思,"闪避"为同义复词,应释为"躲避;避开"。因而此处"闪"的第①义项应该尽量用通俗明白的释义"避;躲避"。

【纷杂】形多而乱;纷乱:头绪～｜～的思绪。(《现代汉语词典》第384页)

---

① 杨树达:《词诠》,中华书局,1978年,第264页。
② 王力:《汉语史稿》中册,中华书局,1980年,第314—315页。

此释的"多而乱"似乎将"纷"理解成了"多",不妥,应该删去。

尽管"纷"确有盛、多之义,但在"纷杂"一词里,"纷"却是杂乱的意思。《玉篇·糸部》:"纷,乱也。"《楚辞·九章·惜诵》:"纷逢尤以离谤兮,謇不可释。"王逸注:"纷,乱貌也。"下面三例的"纷"就是杂乱、混杂的意思。《墨子·尚同中》:"当此之时,本无有敢纷天子之教者。"《史记·淮阴侯列传》:"听不失一二者,不可乱以言;计不失本末者,不可纷以辞。"《汉书·王莽传中》:"郡县赋敛,递相赇赂,白黑纷然。"至于"杂"字,其错乱义常见,"杂乱"的"杂"即是,故无须详述。当都有杂乱义的"纷"和"杂"组合成"纷杂"时,就构成了同义复词。根据同义复词的结构特点和释义原则,"纷杂"应当释为"杂乱;纷乱"为是,而不能用拆词为释的方法进行解释,否则容易望文生义。

另外,《现代汉语词典》"纷乱"的释义也能成为本观点的佐证。词典释"纷乱"曰:"形 杂乱;混乱:思绪～｜～的脚步声。"这个解释简明确切,而"纷杂"和"纷乱"为同义词,两词的释义应当一致。

【纷纭】形 (言论、事情等) 多而杂乱:头绪～｜众说～,莫衷一是。(《现代汉语词典》第 384 页)

"纷纭"又作"纷云"、"纷缊"、"纷蕴",是个一词多形的词语。此词主要有三个意义,一是多盛貌,二是杂乱貌,三是纷争貌,参见《汉语大词典》、《联绵词大词典》等。《现代汉语词典》将"多盛貌"和"杂乱貌"混合在一起提出"多而杂乱"的义项,不符汉语用法实际。

"纷纭"的"杂乱貌",古已有之。《楚辞·刘向〈九叹·远逝〉》:"肠纷纭以缭转兮,涕渐渐其若屑。"王逸注:"纷纭,乱貌也。"《文选·嵇康〈幽愤诗〉》:"世务纷纭,祇搅予情。"吕延济注:"纷纭,乱也。"下面三例皆为明证,《世说新语·言语》:"平生意不在多,值世故纷纭,遂至台鼎。"柳宗元《咏史》:"风波欻潜构,遗恨意纷纭。"《聊斋志异·陈锡九》：“母大恚，声色俱变。媪不服，恶语相侵。纷纭间，锡九自外入。”

不仅古汉语里"纷纭"有杂乱义，现代汉语也一直延续这样的用法，**魏巍《东方》**第五部第十五章："郭祥仍然思绪纷纭，一时难以平息。"这里的"思绪纷纭"是说思绪杂乱，故下句说"难以平息"，《现代汉语词典》所举的"头绪纷纭"也作此解。孙犁《秀露集·耕堂读书记（一）》："几十年之间的历史，便常出现矛盾，众说纷纭。"这里的"众说纷纭"是讲各式各样的说法杂乱不一致，故后面常跟"莫衷一是"，参见《现代汉语词典》所举的第二个词例。季羡林《怀念西府海棠》："已经绽开的花朵呈粉红色，没有绽开的骨朵呈鲜红色，粉红与鲜红，纷纭交划，宛如半天的粉红色彩云。"这里"纷纭交错"的只有"粉红"和"鲜红"两种色彩，显然也不能说"多"。

因此，《现代汉语词典》"纷纭"的解释可径直改为"杂乱"。

【杂乱】形 多而乱，没有秩序或条理：院子里～地堆着木料、砖瓦。（《现代汉语词典》第 1627 页）

据前文可知，"杂乱"的"杂"就是乱、混乱的意思，"杂乱"为同义复词。因而《现代汉语词典》释义中"多而乱"的"多"义是不存在的，应作相应修改。

【恐怕】①动 害怕；担心：他～把事情闹僵，所以做出了让步。②副 表示估计兼担心：～他不会同意｜这样做，效果～不好。③副 表示估计、推测：他走了～有二十天了。（《现代汉语词典》第 748 页）

此释义项②、③仅仅只有词条含义的提示，没有具体的释义，不便于读者使用。我们认为，义项②可以增补"大概；可能"这一释义，义项③可以增补"也许；或许"这一释义。

【宾至如归】客人到了这里就像回到自己的家一样,形容旅馆、饭馆等招待周到。(《现代汉语词典》第90页)

"宾至如归"语出《左传·襄公三十一年》:"宾至如归,无宁灾患?不畏寇盗,而亦不患燥湿。"本义是指客人来到这里就像回到自己家里一样,后来多用来形容待客殷勤、周到。词典认为是"形容旅馆、饭馆等招待周到",显然不够确切。请看下面的例子:

1. 自从来到北京,现在是第一次曼娘和她母亲俩人在一块儿。在一种剧烈的哀愁之下,曼娘在屋里走来走去。这个地方儿,那么清静,叫人觉得宾至如归,那么舒服,又那么熟悉。(林语堂《京华烟云》)
2. 客人的性格不一样,有人进门就选一个比较最好的座位,两脚高架案上,真是宾至如归;也有人寒暄两句便一头扎进厨房,声称要给主妇帮忙,系着围裙伸着两只油手的主妇连忙谦谢不迭。(梁实秋《请客》)
3. 还有仰光郊外的明媚的湖山,葱郁的树林……,我们虽然是走马看花,而山色湖光,在宾主融洽的欢谈之中,也给我们送来一片宾至如归的感觉。(冰心《佳节忆"胞波"》)

例1写曼娘在北京曾府的感受,例2写家宴上某类客人的举止,例3写作者访问邻国缅甸的感受,都跟所谓"旅馆、饭馆"没什么关系。可见《现代汉语词典》"宾至如归"的释义宜修改为"客人到了这里就像回到自己的家一样,形容招待周到"。

【百战不殆】每次打仗都不失败(殆:危险)。(《现代汉语词典》第29页)

"百战不殆"语出《孙子·谋攻篇》:"知己知彼,百战不殆。"词典"每次打仗都不失败"的解释,明显将"殆"的意思理解成了"失败",

但后面又紧接着用"危险"加以注明。由于两者的词义有着明显的区别,就会让读者很困惑:"殆"的意思到底是"失败",还是"危险"?

"殆"的本义为危险,危亡。《尔雅·释诂下》:"殆,危也。"《诗·小雅·正月》:"民今方殆,视天梦梦。"郑玄笺:"方,且也。民今且危亡。"至于失败义,未见文献记载。因此,《现代汉语词典》"百战不殆"不妨改释为"经历许多次战役,都没有遭遇危险。形容善于用兵"。

【微言大义】精微的语言和深奥的道理。(《现代汉语词典》第1359页)

词典的解释易使人误以为"微言"和"大义"是并列关系。其实,"微言大义"出自汉刘歆《移书让太常博士书》:"及夫子殁而微言绝,七十子卒而大义乖。"原指用精深微妙的言辞阐述儒家经典的要义,现表示"精微的语言里包含着深奥的道理",《现代汉语词典》应作相应修正。

【烦劳】动 敬辞,表示请托:~您顺便给我们捎个信儿去。(《现代汉语词典》第359页)

【劳烦】〈方〉动 烦劳:~尊驾|~您走一趟。(《现代汉语词典》第780页)

词典解释"劳烦"为"烦劳",而对"烦劳"的释义则为"敬辞,表示请托"。这两则词条的解释,存在释义"缺少照应"和"不够明确"两方面的问题。

先看"缺少照应"。从"劳烦"的释义可以看出,词典认为"劳烦"和"烦劳"这组同素逆序词的意思是一样的。对于意义相同的同素逆序词,词典的释义通常是一致的,如"察觉"和"觉察",《现代汉语词典》都解释为"发觉;看出来"。但"劳烦"和"烦劳"的释义却未照此原则处理,在照应性上显然存在缺憾。另外,《现代汉语词典》对于那些"敬辞",通常除指出"敬辞"外,还会加以具体的解释,如"鼎力"条的释义:"敬辞,大力(用于请托或表示感谢时):多蒙~协助,无任感谢!"其他如"鼎助"、"费神"、"费心"、"分神"等词条皆是如此。但"烦劳"条却无具体释义,跟"敬辞"类语词的解释不一致,照应性上也存在瑕疵。

再看"不够明确"。词典对"烦劳"和"劳烦"的解释不够具体明确。据查考,"烦"有麻烦义,且古已有之,《左传·僖公三十年》:"若亡郑而有益于君,敢以烦执事。"诚如洪成玉《谦词敬词婉词词典》释"烦":"敬辞。麻烦,打扰。多用于请求他人帮助时。"至于"劳"字,亦有麻烦、打扰义,如唐姚合《答孟侍御早朝见寄》"疏懒劳相问"的"劳",今之"劳神"、"劳驾"的"劳"亦是,《汉语大字典》、《汉语大词典》皆收有此义项。

因为"烦"和"劳"都有麻烦义,所以可以组合成同义复词"烦劳"、"劳烦",义为麻烦、打扰。例如,晋陶潜《搜神后记》卷六:"既蒙恩德,何敢复烦劳。"邹韬奋《萍踪寄语》卷一二○:"有时还有问题提出讨论,都烦劳她翻译。"《旧五代史·崔沂传》:"彼此有礼,俱老矣,勿相劳烦。"周立波《山乡巨变》上二:"到了,劳烦你,把你累翻了。"因此,"烦劳"和"劳烦"二则词条应当解释为"敬辞,麻烦,打扰"。

【颠²】……②跌落;倒下来:~覆丨~扑不破。……(《现代汉语词典》第290页)

【颠仆】〈书〉动 跌倒:~不起。(《现代汉语词典》第290页)

【颠扑不破】无论怎样摔打都不会破裂,比喻永远不会被推翻(多指理论、道理):~的真理。(《现代汉语词典》第290页)

此处三个字(词)条的释义看似没什么问题,但对读者来说,或许还是有些困惑:"颠仆"和"颠扑不破"的"颠扑"是什么关系?两者的意义相同吗?如果相同,为何一个解释为跌倒,一个解释为摔打?

"颠"字释为跌落,举有"颠扑不破"之例,但在词条"颠扑不破"中又将"颠扑"释为摔打,有矛盾吗?

其实,"颠扑不破"的"颠扑"就是"颠仆","扑"通"仆"。《史记·周本纪》:"秦破韩魏,扑师武,北取赵蔺、离石者,皆白起也。"裴骃集解引徐广曰:"扑,一作仆。"王海根《古代汉语通假字大字典》:"扑,通'仆',倾覆,倒下。唐韩愈、孟郊《纳凉联句》:'危檐不敢凭,朽机惧倾扑。'《水浒传》第三十六回:'(宋江)向前来扶他,不觉自家也头晕眼花,扑地倒了。'"

因此,词条"颠扑不破"的释义宜在原来的解释上再作补充:"'扑'通'仆',跌倒。"

【殿后】 动 行军时走在部队的最后,也泛指处于最后:大部队开始转移,由三连～|该队在今年全国足球联赛中排名～。(《现代汉语词典》第298页)

"也泛指处于最后"及书证"该队在今年全国足球联赛中排名～"是第7版《现代汉语词典》增补的,这使"殿后"的释义更全面严密了。只是"行军时走在部队的最后"宜改为"部队行动时处于最后",因为走在最后并非都属于行军,从下例就可看出:"徐州撤退时,他率部殿后,该部被敌人分割包围,切成数段,但他指挥部队浴血奋战,终于杀出重围,胜利完成了掩护任务,受到第五战区和国民政府军事委员会传谕嘉奖,并晋升为一级上将。"(于允科《回忆父亲于学忠》,《人民日报海外版》2006年2月17日)

【信从】 动 信任听从:盲目～。(《现代汉语词典》第1461页)

用"信任"来对释"信从"的"信",不够确切。下面就以该词条所举"盲目信从"为例试加阐述。请看:

1. 这种关联不载于正史，由于各种利益考量，由于懒惰和麻木，由于对宏大叙事的盲目信从，它被遮蔽、遗忘或者改写为神话，而《抒情年华》则以令人信服的坦诚、谦抑把人带回"中国往事"、我和我们的往事。（李敬泽《今日生活的上游——潘婧的〈抒情年华〉》，《文汇报》2002年6月28日）

2. 所谓释古就是既不迷信古人，不盲目信从古书中的记载，又不简单地宣判古人为错误，而是仔细体察古人的原意，认真分析那些记载方方面面的缘由，揭示其真相。（杨明《好学深思，心知其意——谈王运熙先生的治学》，《文汇报》2005年7月10日）

3. 对消费者来说，不能盲目信从广告宣传。广告本质就是一种商品推销的手段，所谓王婆卖瓜，自卖自夸。消费者要树立科学的消费观，提高鉴别能力，提高消费风险意识，不能轻信广告。（李同欣、王舒怀《打击制贩假邮，净化集邮市场》，《人民日报》2007年8月28日）

可以看出，"盲目信从"或"信从"的宾语都是事物，不会是具体的人。而"信任"指相信而敢于托付，其对象往往是人。因而"信从"的释义当改为"相信并听从"。

【遗恨】名 到死还感到悔恨或不称心的事情：死无～。（《现代汉语词典》第1546页）

释义语的"到死"、"还感到"、"的事情"都与"遗恨"的意义没有关系，应该删去。先说"到死"一语。词例"死无遗恨"本身就有"死"字，可见"遗恨"是没有"到死"之义的。从"空留遗恨"、"终生遗恨"、"无法弥补的遗恨"这些用语也可看出，"遗恨"的含义中没有"到死"的意思。再看"还感到"一语，"悔恨或不称心"本就属于感受，因而没必要重复累赘地说"还感到"。最后看"的事情"。"遗恨"是一种感受、情绪，跟"事情"没有任何关系。

其实,"遗恨"的"恨"是遗憾、惆怅、不称心的意思。唐释慧琳《一切经音义》卷二十"悒恨"注引顾野王云"意不申快曰恨",说的就是这个意思。"相见恨晚"、"引为恨事"的"恨"字也都是此义,《现代汉语词典》也收了这个古今常用义。因此,"遗恨"即"遗憾",是指留下的遗憾、悔恨。

【经由】介 路程经过(某些地方或某条路线):从北京出发～南京到上海。(《现代汉语词典》第686页)

此释过于繁复,宜改释为"经过",以使释义简明扼要。

首先,"经由"的"由"有经过义。《广韵·尤韵》:"由,经也。"《论语·为政》:"视其所以,观其所由,察其所安。"何晏注:"由,经也。"下面例子中的"由"都是经过的意思,《孙子·九变》:"涂有所不由,军有所不击。"宋苏洵《权书·攻守》:"邓艾攻蜀,自阴平由景谷,攀木缘磴,鱼贯而进。"《西游记》第五十九回:"那山离此有六十里远,正是西方必由之路,却有八百里火焰,四周围寸草不生。"《现代汉语词典》第1583页"由"的第三义项即为"经过",可作旁证。

其次,语素"经"和"由"都有经过之义,故能组合成同义复词"经由",义为经过。下面三例中的"经由"都是此义,《后汉书·桥玄传》:"徂没之后,路有经由,不以斗酒只鸡过相沃酹,车过三步,腹痛勿怨。"宋梅尧臣《子聪惠书备言行路及游王屋物趣因以答》诗:"尺书忽见遗,经由皆可纪。"宋朱熹《次韵择之发临江》:"千里烟波一叶舟,三年已是两经由。"

"经由"不仅在古汉语中作经过讲,在现代汉语中同样如此,我们从《现代汉语词典》"经由"释义后所举的例子即可看出。

另外,"经由"的词性是动词而非介词,词典也应作修改。

【达】……③懂得透彻;通达(事理):知书～理|通权～变。……

(《现代汉语词典》第 231 页)

义项③"懂得透彻"一语不仅拗口,令人费解,也容易产生误解。其实,根据义项③后的两个例子,我们可以概括此义项为"明白;通晓"。释义语的简明扼要,有助于读者的理解和掌握。

【经】……⑥历久不变的;正常:~常｜不~之谈。……(《现代汉语词典》第 684 页)

第⑥义项"历久不变的"一语不够确切,有待商榷。

根据《现代汉语词典》的体例,"历久不变的"对应的词例应该是"经常"。而"经常"有"平常的;日常的"和"常常;时常"两个意思,前一义"平常的;日常的"在现代汉语中很少使用,因而看到"经常"一词,人们通常会把它理解为"常常;时常",而"常常"义的"经常"的"经",确切来说是"常常"之义。

《玉篇·系部》:"经,常也。"《文选·嵇康〈与山巨源绝交书〉》:"然经怪此意尚未熟悉于足下,何从便得之也。"李善注:"言常怪足下何从而便得吾之此意也。"陈叔宝《洛阳道》:"台上经相识,城下屡逢迎。""经"与"屡"对文,也是常常义。元杨显之《潇湘雨》第四折:"想必你不经出外,早难道惯曾为旅。""不经出外"就是不常出外的意思,"经"也是常义。另外,从"常年累月"、"长年累月"、"连年累月"等跟"经年累月"相似的成语也可看出,"经"应该是常的意思。

因此,"历久不变的"一语宜改成"常常",以使表义更加明确。

【来¹】……⑬词缀,构成时间词:从~｜向~｜近~。(《现代汉语词典》第 772 页)

词典此释没有具体指出构成时间词的词缀"来"所依附的词根属性,既易使读者误认为"来"是附于时间词后的,也与《现代汉语词典》所收其他词缀的释义表述不一致。

其实,构成时间词的词缀"来"主要有两种。第一种,形容词后缀,比如"近来"、"原来"的"来"。根据词典对这两个词的释义可知,"来"在"近来"、"原来"中无义,而只是作为形容词后缀,紧紧依附于词根"近"、"原"的后面构成时间词,促成"近来"、"原来"等词的双音化。第二种,副词后缀,比如"从来"、"向来"、"本来"、"未来"、"将来"的"来"。以"从来"为例,"来"在"从来"中无义,而只是作为副词后缀,紧紧依附于词根"从"构成时间词,促成词汇的双音化。

事实上,"来"作形容词、副词后缀,前贤时彦早有讨论。太田辰夫《中国语历史文法》谈及"将来"一词时提出:"这个词中古就使用了。恐怕原义是'正要、将来到'的意思,那个'来'大概是后缀化了的东西。"① 王云路《中古汉语词汇史》在讨论中古后附加式"X来"时间词时,指出表时间的单音节副词可与"来"组合,构成"比来"、"向来"、"由来"、"将来"等双音词,并且"来"是前面时间词的后附加成分,本身没有实在的词汇意义。蒋宗许《汉语词缀研究》提及"来"时指出:"从魏晋而后即有虚义用法,且开始和表时间的单音节名词组合,作为后缀而组成表时间的复音词。由此而推衍,便可与形容词、名词、动词及副词结合而作后缀。"②

因此,《现代汉语词典》"来¹"第⑬义项应修改为"⑬词缀,构成时间词。a) 形容词后缀:近～｜原～。b) 副词后缀:从～｜向～｜未～"。

【其³】后缀:极～｜尤～｜如～。(《现代汉语词典》第1023页)

词典此释没有具体指出后缀"其"所依附的词根属性,既不利于读

---

① 太田辰夫:《中国语历史文法》,蒋绍愚、徐昌华译,北京大学出版社,2003年,第257页。
② 蒋宗许:《汉语词缀研究》,巴蜀书社,2009年,第215页。

者对后缀"其"的理解,也与《现代汉语词典》其他词缀的解释不统一。根据所依附的词根属性,后缀"其"有以下两种。

第一种,副词后缀,比如"极其"、"尤其"的"其"。太田辰夫《中国语历史文法》谈到"极其"时认为:"'使者晏子,极其丑陋'中,'极'已经不是动词而是副词了,'其'是后缀化了。"① 杨荣祥《副词词尾源流考察》认为:"但可以肯定,在句法结构中,'其'同样是和它后面的成分构成直接成分关系。由于汉语词汇普遍双音节化,'其'的指示代词意义又变得没有必要,于是'必其'、'尤其'结合成了双音节词,'其'变成了副词词尾。"② 蒋宗许《汉语词缀研究》更明确指出:"在宋代而后,出现了作副词后缀的如'极其'、'尤其'之类,明清小说中很常见,进而延续到现代汉语中,成为现代汉语的常见副词。"③ 根据《现代汉语词典》中"极其"、"尤其"两个词的释义可知,"其"在词中无实义,只是作为副词后缀,紧紧依附于词根"极"、"尤",帮助完成词汇的双音化。

第二种,连词后缀,比如"与其"、"如其"。以"与其"为例,"其"在词中无实义,而只是作为连词后缀,紧紧依附于词根"与",促成词汇的双音化。王天佑《连词"与其"词汇化的过程及动因》指出:"伴随着'与其'词汇化的进程,它的指代功能逐渐弱化甚至丧失,最终虚化成为无实在意义的后附性词内成分并附着于'与',至此,'与其'凝结为一体,成为标记取舍关系的连词。"④

可见,"其"作副词、连词后缀已成为学界的共识。因此,《现代汉语词典》"其³"应改释为"后缀。a)副词后缀:极~|尤~。b)连词后缀:与~|如~"。

【巴巴】后缀。用在形容词后,表示程度深:干~|可怜~。(《现

---

① 太田辰夫:《中国语历史文法》,蒋绍愚、徐昌华译,北京大学出版社,2003年,第250页。
② 杨荣祥:《副词词尾源流考察》,《语言研究》,2002年第3期。
③ 蒋宗许:《汉语词缀研究》,巴蜀书社,2009年,第159页。
④ 王天佑:《连词"与其"词汇化的过程及动因》,《语文研究》,2011年第2期。

代汉语词典》第 17 页）

词典对"巴巴"一词的释义有两点不妥。第一点，"巴巴"不仅可以用在形容词后，还可以用在名词后面，如"眼巴巴"。《现代汉语词典》对"眼巴巴"的解释是："（～的）形 状态词。①形容急切地盼望：大家～地等着他回来。②形容急切地看着不如意的事情发生而无可奈何：他～地看着老鹰把小鸡抓走了。""眼巴巴"一词的意义来源于词根"眼"，"巴巴"在词中无实义，仅作为一个构词语素附在词根"眼"后组成多音词。第二点，词典认为后缀"巴巴"用在形容词后表示程度深，这种说法不够准确。《现代汉语词典》以"巴巴"为后缀的词语有"干巴巴"、"急巴巴"、"紧巴巴"、"皱巴巴"、"可怜巴巴"。通过观察这些词语在词典中的释义，我们认为在这些词语中，"巴巴"主要是表示某种情状，并表现出说话人的感情色彩。比如"急"本来只是人的一种心理，但加上后缀"巴巴"后，便可描绘出人急迫的样子，以及说话人对这个情状的感情色彩。朱德熙《现代汉语语法研究》认为，重叠式和带后加成分的形容词"都是带有主观估价作用的格式，它们都包含着说话的人的感情色彩在内"，带后加成分的形容词"所含的感情色彩由具体的后加成分决定"①。因此，《现代汉语词典》"巴巴"应改释为"后缀。用在形容词或名词后，表示某种情状以及说话人的感情色彩：干～｜可怜～"。

三、释义缺少照应

词典释义是个系统性工程，它既要努力做到释义准确和义项全面，也要缜密考虑字头跟词条、词条跟词条释义的相互照应。这不仅有助于提高词典的学术水平，也有助于读者弄清词义的由来，进一步理解和掌握词义。但在释义相应这个问题上，《现代汉语词典》（第 7 版）还存在

---

① 朱德熙：《现代汉语语法研究》，商务印书馆，1980 年，第 5 页。

一些瑕疵，需要在修订时加以改进。下面分四类加以论述。

（一）字头义项遗漏，与相关词条失去照应

【追】①|动|追赶：～杀｜～剿｜～兵｜急起直～。②|动|追究：～问｜～赃｜一定要把这事的根底～出来。③|动|追求：～名逐利｜两个小伙子都在～这位姑娘。④回溯：～念｜～悼｜～述。⑤事后补办：～加｜～认。(《现代汉语词典》第 1726 页)

【追随】|动|跟随：～左右｜～潮流。(《现代汉语词典》第 1727 页)

【追悔】|动|追溯以往，感到悔恨：事已至此，～莫及。(《现代汉语词典》第 1726 页)

《现代汉语词典》将"追随"释为"跟随"，非常确切。"追随"乃同义复词，"追"义同"随"，为跟随、随从之义。《方言》卷十二："追，随也。"《楚辞·离骚》："背绳墨以追曲兮，竞周容以为度。"王逸注："追，犹随也。"遗憾的是，《现代汉语词典》"追"字头下收录了追赶、追究、追求、回溯、事后补办等五个义项，却未能收录"跟随"这一义项，以致字头释义跟词条释义不相照应，不便于读者的使用。其实，除"追随"的"追"是跟随之义外，《现代汉语词典》收释的"追访"、"追踪"等词条中的"追"也是跟随之义。因此，"追"字下有必要补上"跟随"这一义项，以便前后相应，使《现代汉语词典》更臻完善。

从"追悔"的释义可以看出，词典编者似将"追悔"的"追"理解成了义项④的"回溯"义，这不正确。上文"追悔"一词的考证，我们已指出"追悔"属于同义复词，应当解释为"后悔"，"追"就是后悔的意思。因此，词典编者应在"追"字下补收"后悔"这一义项。

【指】①|名|手指头……②|量|一个手指头的宽度叫"一指"，用来计

算深浅宽窄等……③ 动 （手指头、物体尖端）对着；向着……④（头发）直立……⑤ 动 指点……⑥ 动 意思上针对……⑦ 动 指望；依靠……（《现代汉语词典》第1685页）

【指斥】 动 指摘；斥责：～时弊。（《现代汉语词典》第1685页）

《现代汉语词典》对"指斥"的解释非常正确。"指斥"乃同义复词，"指"义同"斥"，为指责、斥责之义。《广雅·释言》："指，斥也。"《吕氏春秋·尊师》："高何、县子石，齐国之暴者也，指于乡曲。"《汉书·张汤传》："自公卿以下至于庶人咸指汤。"以上两句中的"指"都是斥责的意思。可惜的是，《现代汉语词典》"指"字头下收录了"手指头"等七个义项，偏偏没有收录"指责；斥责"这一义项，造成字头释义跟词条释义的不相照应。显然，这是《现代汉语词典》需要改进的地方。

【听¹】① 动 用耳朵接受声音……② 动 听从（劝告）；接受（意见）……③ 动 听凭；任凭……④ 治理；判断……（《现代汉语词典》第1305页）

【听²】 名 用镀锡或镀锌的薄铁皮做成的装食品、饮料、香烟等的筒子或罐子……（《现代汉语词典》第1305页）

【听候】 动 等候（上级的决定）：～调遣｜～分配｜～处理。（《现代汉语词典》第1305页）

【听审】 动 ①听候审判：在法庭～。②到法庭旁听审讯：通过～，了解法庭的审理程序。（《现代汉语词典》第1306页）

【听信儿】〈口〉 动 等候消息：今天晚上开会就决定这件事儿，你～吧……（《现代汉语词典》第1306页）

"听"有等候、等待之义,《周礼·地官·大司徒》:"正岁,令于教官曰:各共尔职,修乃事,以听王命。"贾公彦疏:"听,待也。"《礼记·杂记下》:"既葬,大功吊,哭而退,不听事焉。"郑玄注:"听,犹待也。"上列《现代汉语词典》收释的"听候"、"听审"、"听信儿"的"听",就是等候、等待之义。但遗憾的是,《现代汉语词典》"听"字下却失收此义,以致前后失应,不便于读者的理解和使用。

【履】①鞋:衣～|革～|削足适～。②踩;走:～险如夷|如～薄冰。③脚步:步～。④履行:～约。(《现代汉语词典》第853页)

【履历】名①个人的经历:～表|他的～很简单。②记载履历的文件:请填写一份～。(《现代汉语词典》第853页)

"履"本义为脚上的鞋,《说文·履部》:"履,足所依也。"后引申为"行走"、"经历"、"实行"等。"履历"的"履"即为经历义,《后汉书·张衡传》:"亲履艰难者知下情,备经险易者达物伪。"戴震《与方希原书》:"凡事履而后知,历而后难。"两例中的"履"分别跟"经"和"历"相对成文,显然是经历的意思。"历"也有经历义,故"履历"是一个同义复词,《现代汉语词典》"履历"下的两个义项也是紧扣中心词"经历"进行解释的。因此,我们认为字头"履"下的释义中应补上"经历"一义,以便跟"履历"的释义相照应。

【差】①义同"差"(chà)①:～别|～异。②名减法运算中,一个数减去另一个数所得的数。如6－4＝2中,2是差。也叫差数。③〈书〉副稍微;大体:～可|天气～暖。(《现代汉语词典》第133页)

【差错】名①错误:精神不集中,就会出～。②意外的变化(多指灾祸):万一有什么～,那可不得了。(《现代汉语词典》第133页)

【差失】名差错;失误。(《现代汉语词典》第134页)

第二章　训诂学与现代汉语辞书的释义　　135

【差误】名 错误：工作出了～。(《现代汉语词典》第134页)

"差"的错误义，古已有之。《荀子·天论》："乱生其差，治尽其详。"杨倞注："差，谬也。"韩愈《贺赦表》"惧刑政之或差，怜鳏寡之重困"的"差"即是此义。《现代汉语词典》"差错"、"差失"、"差误"的"差"也是错误的意思，但在字头"差"的义项中却失收该义项，显然缺乏照应，应予增补。

【孑】①〈书〉单独；孤单：～立｜～身。② 名 姓。(《现代汉语词典》第664页)

【孑遗】〈书〉① 动 物种经历大变故后极少量地遗留：～生物。② 名 经历大变故后遗留的极少量的物种，也泛指残存的其他事物或人：劫后～。(《现代汉语词典》第664页)

"孑"除了《现代汉语词典》所列出的两个义项外，还有一个义项宜增补。

《玉篇·了部》："孑，遗也。"《诗·大雅·云汉》："周余黎民，靡有孑遗。"马瑞辰通释："《方言》：'孑、荩，余也。'郭注谓遗余，是孑亦遗也。孑、遗二字同义，故孟子引此诗而但以靡有遗民释之。"上举《玉篇》和马瑞辰《毛诗传笺通释》都认为"孑"有遗义，马瑞辰更明确指出"孑遗"一词属于"二字同义"，即同义复词。显然，"孑"有遗留、剩余之义，如"孑黎"、"孑余"的"孑"即是。因此，《现代汉语词典》"孑"字下应该增补此义，以便跟词条"孑遗"照应。

另外，"孑遗"两个义项中的"物种经历大变故后"等限定语看似指称明确，但实际上缩小了该词的外延，不符合语言实际。

1. 洪承畴不但活下来，而且又当了清兵南下的"经略"，带着八旗子弟入关，打得李自成及亡明孑遗失盔卸甲狼狈鼠窜，打得"大明江山"如鸟兽散。(二月河《"贰臣"文人》，《文汇报》2000年9月15日)

2. 就英语发展史而言，当时近代英语的规模虽已大备，但词形、词义、用法尚未固定，词汇中还包含不少中世纪英语的成分，甚至还残留着古英语的孑遗。(刘炳善《老来痴心注莎翁》，《人民日报》2002年10月12日)

3. 今年初，河南省南召县几个农民未经林业部门批准，擅自砍伐了24亩承包林地。也就是在这次林改中，福建省永安市林田村收回林地重新发包，原来签订的合同约定"合同期满时每亩竹林应保留成材竹60株"，结果每亩只孑遗60株小毛竹。(潘承凡《毁林提醒林改》，《人民日报》2007年4月22日)

例1"亡明孑遗"、例2"古英语的孑遗"、例3"孑遗60株小毛竹"中的"孑遗"都是遗留、残存的意思，不适宜用"物种经历大变故后"来限定解释。

（二）字头释义正确，但相关词条释义存在问题

【艳】……③〈书〉羡慕：～羡。(《现代汉语词典》第1512页)

【艳羡】〈书〉[动]十分羡慕。(《现代汉语词典》第1513页)

看了"艳羡"的释义，会让人以为"艳"是程度副词"十分"的意思，但"艳"的第③义项又明确告诉我们，"艳羡"的"艳"是羡慕的意思。显然，这是《现代汉语词典》自相矛盾之处。

《增韵·艳韵》："艳，歆羡也。""歆羡"即羡慕之义。"艳羡"则为同义复词，义为羡慕。这为古代的文献书证所证明，胡应麟《诗薮·六朝》："元子心非王室，越石才谢匡时，俱迥不侔，何庸艳羡？"戴名世《邻女说》："世之所艳羡者，真为美矣！"至于现代汉语的用例更多，例如：

1. 内蒙古自治区不仅煤炭资源丰富,草原上新能源的"储量"同样让人艳羡——风能资源居全国之首,太阳能资源居全国第二位。(吴勇《转型的"能源"更强劲》,《人民日报》2012年8月6日)

2. 有的地方艳羡其他城市规划宏伟、建筑气派,就争相效仿,把市政建设搞成华而不实的形象工程。(李宗彦《有些"大流"随不得》,《人民日报》2012年7月18日)

3. 体面的职业、不低的收入、有车有房的生活,每年还都有机会到国外出差,身边的老同学们很是艳羡。(朱隽《同享尊严,离不开制度保障》,《人民日报》2012年7月5日)

因此,《现代汉语词典》"艳"字第③义项的释义是正确的,"艳羡"条释义中的"十分"二字当删去。①

【崇】①高:～山峻岭。②重视;尊敬:尊～｜推～。③ 名 姓。(《现代汉语词典》第182页)

【崇高】 形 最高的;最高尚的:品格～｜实现共产主义是我们的～理想。(《现代汉语词典》第182页)

仅看"崇高"的释义,读者会误以为"崇"是最的意思,"崇高"是偏正结构的语词。实际上,诚如"崇"的第①义项所释,"崇"是"高"义,"崇高"为同义复词,属于并列结构。因此,"崇高"当改释为"高;高尚",以便跟"崇"字释义相照应。

【襄】①〈书〉帮助:共～义举。② 名 姓。(《现代汉语词典》第1431页)

---

① 黄金贵等认为"艳"当释为"喜爱","艳羡"释为"爱慕",(见《〈现代汉语词典〉古词语释义辨正(下)》,《辞书研究》,2003年第6期),此观点本书不取。

【襄助】〈书〉|动|从旁帮助。(《现代汉语词典》第 1431 页)

《现代汉语词典》将"襄助"释为"从旁帮助",易使读者产生误解,以为"襄"是"从旁"之义。其实,"襄助"的"襄"是帮助之义。《正字通·衣部》:"襄,赞也,助也。"《现代汉语词典》也在"襄"的第①义项下收列了此义。"襄助"乃同义复词,当径直释为"帮助"。这从现代汉语用例中也可以得到验证。

1. 劫后余生的舟曲人少有哀怨,更多的是受人襄助的感念。(斯壮《留存这份感动照亮人生》,《人民日报》2010 年 8 月 16 日)
2. 为办理中华实业银行新加坡总分行,庄希泉留在新加坡,在金融战线上襄助革命,同时广为结交华侨,推动他们认识并支持祖国的革命事业。(陈克振《庄希泉为辛亥革命下南洋筹款》,《人民日报》2011 年 10 月 8 日)
3. 随着非物质文化遗产保护理念深入人心,我国当代工艺美术发展遇到了一个非常美好的时代——价值的充分体认和政策的倾斜支持,以及资本和市场的鼎力襄助。(萧波《激活非遗》,《人民日报》2011 年 6 月 10 日)

遗憾的是,《现代汉语词典》在解释"襄助"时,画蛇添足地加了"从旁"二字,既不确切,又与"襄"的释义不相照应。

【格³】打:~斗|~杀。(《现代汉语词典》第 440 页)

【格斗】|动|紧张激烈地搏斗:白刃~。(《现代汉语词典》第 440 页)

前文"格斗"条已阐明,"格"即斗义,"格斗"应属同义复词,为并列结构。故《现代汉语词典》"格斗"释义中的"紧张激烈地"可删。

如此，则既与"格³"的释义相照应，便于读者理解和掌握，也符合词典释义简明的要求。

【款¹】……②招待；款待：～客。（《现代汉语词典》第 759 页）

【款待】⌈动⌋亲切优厚地招待：～客人｜盛情～。（《现代汉语词典》第 759 页）

前述"款待"条已考证"款待"为同义复词，义为招待，故"亲切优厚地"这一修饰语应当删去。

【忌】①忌妒：～刻｜猜～。②怕：顾～｜～惮。……（《现代汉语词典》第 617 页）

【忌惮】〈书〉⌈动⌋顾忌；畏惧：肆无～。（《现代汉语词典》第 617 页）

从"忌"的第②义项可以看出，《现代汉语词典》认为"顾忌"、"忌惮"的"忌"是害怕的意思，这很正确。但在词条"忌惮"的释义中却列出"顾忌"这一义项，既跟字头"忌"的释义不相一致，也不确切。所谓"顾忌"，是"恐怕对人或对事情不利而有顾虑"①，语意比"忌惮"轻得多。我们认为，"忌惮"是个同义复词，应解释为"畏惧，害怕"。详参本书"肆无忌惮"条。

【遑】〈书〉闲暇：不～。（《现代汉语词典》第 575 页）

【不遑】〈书〉⌈动⌋来不及；没有时间（做某件事）：～顾及。（《现代汉语词典》第 108 页）

《现代汉语词典》将"遑"释为"闲暇"，且举例词"不遑"，但又

---

① 详见《现代汉语词典》第 472 页"顾忌"条。

释"不遑"为"来不及;没有时间",释义缺乏照应,不统一。

"遑"确有"闲暇"、"空闲"的意思。《诗·小雅·四牡》:"王事靡盬,不遑启处。"毛传:"遑,暇。"《玉篇·辵部》:"遑,暇也。"《尚书·无逸》:"自朝至于日中昃,不遑暇食,用咸和万民。"孔颖达疏:"遑,亦暇也。"这些古注都认为"不遑"的"遑"是"暇"义,可见"不遑"就是"无暇,没有闲暇"的意思,《汉语大词典》也是这样解释的。

至于《现代汉语词典》"不遑"的释义语"来不及",是表示"因为时间短促而无法顾到或赶上",跟"没有闲暇"或"没有空闲时间做某事"有明显差别,两者既不相等,也不能互相替换。因此,《现代汉语词典》应将"不遑"的释义改为"没有闲暇"。

【饱】……③足足地;充分:～经风霜。(《现代汉语词典》第 44 页)

【饱读】 动 大量阅读:～经史。(《现代汉语词典》第 44 页)

"饱读"的释义易误导读者,以为"饱"是"大量"义。但遍查古今辞书,都未见"饱"有大量的意思。

"饱"的本义是吃足,《说文·食部》:"饱,厌也。"《广韵·巧韵》:"饱,食多也。"由此本义可引申出饱满、满足、充足等义,《现代汉语词典》"饱"字也收列了这些义项。"饱读"的"饱"是充足、充分的意思,即"饱"的义项③。"饱读"应如《汉语大词典》那样释为"充分阅读"。如此,既持之有据,又与"饱"字义项③相照应。

与"饱读"结构相同的"饱览"一词,《现代汉语词典》释为"充分地看;尽情地观赏",显然也是将"饱"理解为充足、充分的意思,可为旁证。

【弛】……②〈书〉解除:～禁。(《现代汉语词典》第 174 页)

【弛禁】〈书〉 动 开放禁令。(《现代汉语词典》第 175 页)

《现代汉语词典》"弛"的第②个义项为"解除",并给出例词"弛禁"。据此,"弛禁"就该是"解除禁令"的意思。但词典却将词条"弛禁"释为"开放禁令",释义前后不一,缺乏照应,此其一。

其二,在现代汉语的交际使用中,通常用"解除"、"取消"等词来搭配"禁令",如"解除禁令"、"取消禁令",极少用"开放禁令"这样的表述。"开放禁令"的释义也不符合现代汉语规范化的要求,有必要加以修正。

【徇】①依从;曲从:～情｜～私。……(《现代汉语词典》第1495页)

【徇情】〈书〉 动 徇私:～枉法。(《现代汉语词典》第1495页)

【徇私】 动 为了私利而做不合法的或错误的事:～舞弊。(《现代汉语词典》第1495页)

词典对"徇"的释义确切无误,所举书证也恰切妥当,但相关词条"徇情"、"徇私"的解释没能与"徇"的释义相照应。"徇情"释为"徇私",似将两词认同为等义词,不够确切。而"徇私"的解释其实是书证"徇私舞弊"的释义,"而做不合法的或错误的事"纯属赘余,应当删去。因此,"徇情"应当释为"曲从私情","徇私"应当释为"曲从私利"。

【穷】……③用尽;费尽:～兵黩武｜～目远望。……(《现代汉语词典》第1071页)

【穷尽】① 动 到尽头:不可～｜无法～。② 名 尽头:群众的智慧是没有～的。(《现代汉语词典》第1071页)

前文已对"穷尽"义项①的解释作了驳正。我们认为,"穷尽"是一个同义复词,有名词"尽头"和动词"用尽"两种意思。名词义,诚如《现代汉语词典》义项②所释。动词义,则当释为"竭尽;用尽",以此验诸"穷尽"义项①中的两个例子,皆妥帖吻合,且与"穷"字义项③"用尽;费尽"形成照应。

【规】……③劝告:～劝丨～勉。……(《现代汉语词典》第 490 页)

【规劝】 动 郑重地劝告,使改正错误:多次～,他仍无悔改之意。(《现代汉语词典》第 491 页)

《现代汉语词典》"规劝"的释义很容易让人误以为"规"是"郑重"的意思,"规劝"为偏正结构。且"使改正错误"的说法亦未必切合语言实际,因为并不是所有的劝告都是使人"改正错误",有的纯粹是劝勉或勉励。

我们认为,"规劝"一词属于同义复词,"规"义同"劝",是"劝告"的意思。此义被不少语文词典收录,《现代汉语词典》"规"字义项③也有简洁明确的释义,并以"规劝"为例。为使字头和词条的释义一致,《现代汉语词典》"规劝"一词宜改释为"劝告"。

【疲】①疲乏;劳累:～惫丨精～力尽丨～于奔命。……(《现代汉语词典》第 993 页)

【疲惫】 形 非常疲乏:～不堪。(《现代汉语词典》第 993 页)

《现代汉语词典》"疲惫"的释义容易让读者误以为"疲"是非常的意思,"疲惫"是偏正结构。

其实,正如词典"疲"字所释,"疲"是疲乏、疲劳的意思。《说文·疒部》:"疲,劳也。"《玉篇·疒部》:"疲,乏也。"下面这些句中的"疲"字就是疲乏、劳累的意思。《左传·成公十六年》:"奸时以动,而疲民以逞。"《后汉书·光武帝纪下》:"我自乐此,不为疲也。"唐刘知几《史通·载言》:"故使读者寻绎不倦,览讽忘疲。"至于"惫"字,也是疲乏义。《列子·天瑞》:"人胥知生之乐,未知生之苦;知老之惫,未知老之佚;知死之恶,未知死之息也。"唐殷敬顺释文:"惫,疲也。"《易·既济》:"《象》曰:'三年克之',惫也。"清焦循章句:"惫,犹疲也。"同有疲乏义的"疲"、"惫"组合在一起时,就构成了同义复词"疲惫",义为疲乏、疲劳,《汉语大词典》就是这样解释的。

因此,《现代汉语词典》"疲惫"的释义应删去"非常"二字,改为"疲乏"。

【切】①动合;符合:文章～题｜说话不～实际。……(《现代汉语词典》第1055页)

【切合】动十分符合:～实际。(《现代汉语词典》第1055页)

将"切合"释为"十分符合",会使人误以为"切"是十分的意思,"合"是符合的意思,"切合"属于偏正结构。我们在前文"切合"条已有考释,"切"义同"合",是符合,契合之义,"切合"是一个同义复词,当释为"符合"。

其实,《现代汉语词典》"切"字义项①已经明白无误地收有这一义项,且所举例子"说话不切实际"跟"切合"的例子"切合实际"恰相对应。遗憾的是,"切合"的释义上却出现了这样不该出现的错误。

(三)字头和相关词条的释义都存在问题

【嗜】特别爱好:～好｜～酒。(《现代汉语词典》第1199页)

【嗜好】名特殊的爱好(多指不良的):他没有别的～,就喜欢喝点儿酒。(《现代汉语词典》第1199页)

【嗜血】动①特别爱吸血:～杆菌。……(《现代汉语词典》第1199页)

"嗜"是爱好之义,"嗜好"为同义复词,当释为"爱好,喜好",详见上文"嗜好"的考证。因此,上述"嗜"字头和词条"嗜好"、"嗜血"释义中的修饰语"特别"、"特殊"都应删去,以相照应。

【翻】……⑤(数量)成倍地增加:~番|~了几倍。……(《现代汉语词典》第356页)

【翻番】 动 数量加倍:钻井速度~|这个县工农业总产值十年翻了两番(四倍)。(《现代汉语词典》第357页)

"翻"的第⑤义项应当修改为"(数量)增加(几倍)"。因为"成倍地"跟"数量"一样,只能用括注的形式来表示。如此,才能使读者明确"翻"的意思是动词"增加,增长"。

同样,"翻番"的解释也当改为"(数量)增加几倍"。这样,读者就能明确"翻"是增加义,"番"是倍义。

【切】…… ④ 副 切实;务必:~记|~忌|~不可骄傲。……(《现代汉语词典》第1055页)

【切记】 动 牢牢记住:遇事~要冷静。(《现代汉语词典》第1055页)

首先,"切"字第④义项"切实;务必"宜改为"一定;务必"。因为从词性上说,"切实"是动词或形容词,而不是词典所认定的副词;从词义上说,"切实"是"切合实际"或"实实在在"的意思,用来解释例词"切记"、"切忌"、"切不可骄傲"的"切"也不够确切。

其次,从"切记"的解释可以看出,词典似将"切"理解成了"牢牢",那"牢牢"又是何义呢?《现代汉语词典》并未收释"牢牢"一词,不便读者的理解和掌握,也不符合词典释义照应性的要求。

因此,"切记"的释义应改作"务必记住"或"一定记住",以使字头和词条的释义前后照应，显示词典的严密性。

【俨】〈书〉①庄重。②很像。（《现代汉语词典》第1508页）

【俨然】……③|副|形容很像：这孩子说起话来～是个大人。（《现代汉语词典》第1508页）

【俨如】|动|十分像：广场被探照灯照得～白昼。（《现代汉语词典》第1508页）

《现代汉语词典》"俨"的第②义项不够确切，应修改为"仿佛，好像"。"俨"的此义，古今皆有。赵嘏《咏端正春树》："一树繁阴先著名，异花奇叶俨天成。"陈所闻《念奴娇序·云住阁为欧阳平林等题》曲："登楼四望，俨鹏抟九万，翛然腋生风。"周立波《山乡巨变》："伢子倒乖，脸模子俨像他妈妈。"显然，表示比喻的"俨"字释为"仿佛，好像"比释为"很像"更准确。

"俨然"的第③义项存在两个问题，一是"很像"的解释不够确切，理由见前。二是"形容……"的释义跟前面标示的副词自相矛盾。既然认为"俨然"是副词，怎能用"形容"来解释呢？正如王力《汉语史稿》指出的："从《诗经》时代起，直到五四时代止，'然'字始终在书面语中用为副词的词尾。"①"俨然"的"然"即是如此，是词缀，无实在意义，故"俨然"亦当释为"仿佛，好像"。

"俨如"的释义也应改为"仿佛，好像"。可能有人会问，"俨然"和"俨如"难道没有区别吗？当然有区别，"俨然"是副词，通常后面要有动词谓语，如杨衒之《洛阳伽蓝记·永宁寺》："有人从象郡来云：'见浮图于海中，光明照耀，俨然如新。'"郁达夫《雁荡山的秋月》："向东南洞口远望出去，俨然是一座地藏菩萨的侧面形，但跑近前去一看，则什么也没有了，只一块突出的方石。"这两例中的"俨然"后分

---

① 王力：《汉语史稿》中册，中华书局，1980年，第316页。

别跟有动词"如"、"是"。"俨如"是动词,后面直接跟名词或名词短语即可,下面两例即是如此,方孝孺《先府君行状》:"民有积粟,野无饿莩,鸡犬牛羊散被草野,富庶充实,俨如承平之世。"郭沫若《苏联纪行》:"彼此本不相识,但国外相逢俨如旧友。"

【都】①首都:建~。②大城市,也指以盛产某种东西而闻名的城市:~市|通~大邑|瓷~|煤~。……(《现代汉语词典》第319页)

【都市】 名 大城市。(《现代汉语词典》第319页)

字头"都"的第②义项认为,"都"既有"大城市"的意思,也可以表示"城市",不仅表达含混不明确,释义也不确切。而"都市"误释为"大城市",即源自"都"的这个解释。

我们在上文对"都市"一词的考证中,明确指出"都"有城市的意思,"都市"就是一个同义复词,只能释为"城市",不能释为"大城市"。下面我们着重论述"都"没有"大城市"之义。

翻检中国古代注疏和字典,未能找见"都"有"大城市"的证据,但今之权威工具书《汉语大字典》、《汉语大词典》却收有"大城市"这个义项。《汉语大字典》的主要依据是南宋戴侗的《六书故·工事二》:"都,邑之大者曰都。"其实,"邑"和"都"都有城市之义,如"都邑"就是城市的意思。两者的区别就如《左传·庄公二十八年》所言:"凡邑,有宗庙先君之主曰都,无曰邑。"杜预注:"宗庙所在,则虽邑曰都,尊之也。"简言之,无祖庙的城市叫"邑",有祖庙的城市叫"都",其区别不在城市的大或小。古代如果表示大城市,可以叫"大都",《左传·隐公元年》:"先王之制:大都不过参国之一;中,五之一;小,九之一。"如果指小城市,可以叫"小都",《周礼·地官·载师》:"以家邑之田任稍地,以小都之田任县地。"

接着来看"都"字第②义项的几个例子。第一个例子"都市",属于同义复词,语素"都"和"市"都是城市的意思,参见上文对"都市"一词的考证。第二个例子"通都大邑"是一个成语,原作"通邑大都",语出司马迁《报任少卿书》,《文选》吕延济注曰:"通邑,大邑也。"可见,在"通都大邑"中,"通"与"大"、"都"与"邑"皆相对为文,意思相同,即"都"和"邑"都是城市的意思。如果要说"大城市"之义,那只能是"通都"或"大邑"。至于第三、第四个例子"瓷都"、"煤都"的"都",更是城市之义,不再赘述。

因此,字头"都"的第②义项应当改为"城市",以使释义确切简明,方便读者掌握。

【捐】……③ 名 税收的一种名称:车～|上了一笔～。(《现代汉语词典》第 709 页)

【捐税】 名 捐和税的合称。(《现代汉语词典》第 710 页)

"捐"字义项③所举的例子,在现代汉语中几乎未见使用。在普通话里,通常说"车税"而不说"车捐",说"上了一笔税"而不说"上了一笔捐"。因而"捐"字的这些例子是否需要,值得商榷。

至于"捐税"的解释,以"捐"释"捐",以"税"释"税",等于没有解释。按照这种解释,"头脑"似乎成了"头和脑的合称",岂不荒唐?其实,根据"捐"字义项③的解释可知,"捐"就是税的意思,成语"苛捐杂税","捐"、"税"相对成文,亦可见"捐"是税之义。说得明确些,"捐税"是个同义复词。同义复词释义的最大忌讳是拆开来分别解释,因为这样解释,可能造成释义错误,也可能造成释义不明,"捐税"的释义就属于后一种。

因此,我们认为,"捐税"的释义应改为"指税收"。

(四)相关字头或词条的释义因缺少照应而不够确切

【看 kān】 动 ① 守护照料:～门|～自行车|一个工人可以～好几台机器。……(《现代汉语词典》第 727 页)

【看守】①动负责守卫、照料：～山林｜～门户。……（《现代汉语词典》第 728 页）

【看 kàn】……⑦照料：照～｜衣帽自～。……（《现代汉语词典》第 729 页）

"看守"的"看"义同"守"，杜甫《咏春笋》："会须上番看成竹，客至从嗔不出迎。"仇兆鳌详注："看，看守也。""看守"为同义复词，当释为"守卫；守护"。

《现代汉语词典》"看 kān"的第①义项释曰："守护照料"，在"看守"条又释曰："负责守卫、照料"，看似前后照应，实际上跟"看 kàn"的第⑦义项"照料：照～｜衣帽自～"自相矛盾。照料义的"看"到底是读 kān 还是读 kàn 呢？从汉语史的发展来看，笔者认为照料义的"看"应当读 kàn，也就是说"看 kàn"的第⑦义项是正确的。因此，"看 kān"的第①义项和"看守"条都应将"照料"一语删去，以免对读者产生误导。

【躲闪】动迅速使身体避开：小王～不及，和他撞了个满怀。（《现代汉语词典》第 337 页）

【闪躲】动躲闪；躲避：～不开｜他有意～我的目光。（《现代汉语词典》第 1138 页）

"躲闪"、"闪躲"的"闪"是躲避的意思，详见"闪避"条的考证。如此，"躲闪"和"闪躲"皆为同义复词，且因为是一组倒序词，故两词的词义也应该相同。但《现代汉语词典》的解释却未能很好地注意到这点，尤其将"躲闪"释为"迅速使身体避开"，不符合现代汉语的实际，请看下面的例子：

1. 一方面，政客们可以不着边际、生拉硬扯地拿中国问题说事；

另一方面,他们对最为真切的美国国内问题或避重就轻,或躲闪不及。(温宪《枪击血案凸显制度性不作为》,《人民日报》2012年7月25日)

2. 海南省委书记罗保铭说,要带头创新实干,狠抓工作落实,号召"向飘浮的作风开战",并表示,抓落实还必须敢于担当,在矛盾面前不绕路,在困难面前不躲闪,在利益冲突面前不回避。(叶晓楠《省委书记们的民生情怀》,《人民日报海外版》2012年5月18日)

3. 面对镜头,杨立学总是绷得很紧,回答含糊,眼神躲闪,急得雷飙直挠头,但是当他拿出素材反复看时,终于发现了问题。(白瀛等《发扬新闻工作者优良传统》,《人民日报》2012年3月26日)

这些例句中的"躲闪"显然不是"迅速使身体避开"的意思。因此,"躲闪"、"闪躲"两词宜改释为"躲避;避开"。

【备】……⑥〈书〉副 表示完全:艰苦～尝 | 关怀～至 | ～受欢迎。……(《现代汉语词典》第56页)

【备至】形 极其周到(多指对人的关怀等):关心～至 | 爱护～。(《现代汉语词典》第57页)

"备至"条的例证"关心备至"跟"备"第⑥义项的例证"关怀备至"基本相同,但前者的"备"释为"完全",后者的"备"释为"极其",自相抵牾。因为副词"备"的完全之义与表示程度高的非常、极其之义并不相等,更何况"备"也没有"极其"之义。

笔者认为,"备至"的"备"义同"至","备至"为同义复词。因此,《现代汉语词典》"备至"条的释义当改为"周到;周全",将"极其"删去。同时,将"备"字第⑥义项中的例词"关怀备至"也一并删除。

【蹊】〈书〉小路:～径。(《现代汉语词典》第1402页)

【蹊径】〈书〉名途径：独辟～。(《现代汉语词典》第1402页)

【独辟蹊径】自己开辟一条路，比喻独创一种新风格或者新方法。(《现代汉语词典》第321页)

《现代汉语词典》将"蹊径"释为"途径"，与字头"蹊"和成语"独辟蹊径"的释义明显不一致。《庄子·马蹄》："当是时也，山无蹊隧，泽无舟梁。"成玄英疏："蹊，径。"《周礼·地官·遂人》："凡治野，夫间有遂，遂上有径。"贾公彦疏："蹊，即径也。"《广雅·释宫》："蹊，道也。"显然，"蹊径"是同义复词，可以释为道路或小路。《现代汉语词典》"独辟蹊径"的解释是比较确切的，故"蹊"字的释义宜改为"道路；小路"，"蹊径"不妨释为"道路；比喻方法、门路等"，即先指出本义，然后再指出比喻义。

【哀叹】动悲哀地叹息：独自～｜～自己的不幸遭遇。(《现代汉语词典》第3页)

【悲叹】动悲伤叹息：老人～时光的流逝。(《现代汉语词典》第54页)

通过释义可以看出，《现代汉语词典》似将"哀叹"看作偏正结构，将"悲叹"视为并列结构。同为"形＋叹"结构的语词，二词的释义明显缺少对应。

我们认为，在"形＋叹"结构中，语义的重点是"叹"，其前面的形容词"哀"和"悲"都是修饰成分，即"哀叹"、"悲叹"都应理解为偏正结构的语词。因而"悲叹"一词的释义宜改为"悲伤地叹息"，以便跟"哀叹"的释义相照应。

【捷²】战胜：我军大～｜连战连～。(《现代汉语词典》第667页)

【捷报】名胜利的消息：～频传。(《现代汉语词典》第667页)

"捷²"的释义"战胜"应当改为"胜利"。首先，从"捷报"的解释可以看出，词典是将"捷"理解为名词"胜利"义的，而"战胜"则为动词，这就自相矛盾了。其次，"捷²"释义后的例词"我军大捷"、"连战连捷"的"捷"都是胜利的意思，释为"战胜"显然不够确切。

"捷"的胜利义古已有之。《诗经·小雅·采薇》："岂敢定居，一月三捷。"毛传："捷，胜也。"《尔雅·释诂上》："捷，胜也。"下面三个例句中的"捷"就作此解，《汉书·卫青传》："大将军青躬率戎士，师大捷。"《后汉书·荀彧传》："敌人怀利以自百，臣众怯沮以丧气，有必败之形，无一捷之执。"杜甫《蜀相》诗："出师未捷身先死，长使英雄泪满襟。"

【沓】〈书〉①多而重复：杂～｜纷至～来。……（《现代汉语词典》第1260页）

【杂沓】杂乱：门外传来～的脚步声。（《现代汉语词典》第1627页）

《现代汉语词典》"沓"义项①的解释较难理解，既谓"多"，又谓"重复"，哪些事情是这样的呢？其实，从例词"纷至沓来"的结构可以看出，"沓"与"纷"应该同义，是纷纷、纷乱的意思。屠隆《昙花记·群魔历试》："诸魔沓来，一心不乱。""沓来"就是纷纷到来的意思。"沓来"也可以说成"沓至"，仍是纷纷到来之义，如蔡絛《铁围山丛谈》卷四："一旦忽多人物且沓至，三人但伏梁之上计：'此岂皆避敌者耶？胡为而至哉？'"谭嗣同《仁学》十六："前者未忘而后者沓至，终其身接应不暇而卒于无一能应。"

"沓"既然有纷纷、纷乱的意思，当跟"杂"组合成"沓杂"时，就是纷乱、杂乱之义。枚乘《七发》："壁垒重坚，沓杂似军行。"艾青《马赛》诗："他们前进时，溅出了沓杂的言语。""沓杂"的倒序形式就是"杂沓"，意思应该也是纷乱、杂乱之义。因此，《现代汉语词典》"杂沓"的解释是确切的，为了达到照应和一致，"沓"的义项①应修正为"纷乱；杂乱"。

【客套】① 名 表示客气的套语：我们是老朋友，用不着讲～。② 动 说客气话：见了面，彼此～了几句。（《现代汉语词典》第 741 页）

【客套话】名 表示客气的话，如"劳驾、借光、慢走、留步"等。（《现代汉语词典》第 741 页）

比较"客套"和"客套话"的释义，就会发现"客套"义项①的"套语"二字实为多余。《现代汉语词典》第 1280 页"套语"下收有两个义项：①客套话。②流行的公式化的言谈。显然，"客套"释义语中的"套语"只能理解为"客套话"。若将此"客套话"代入"客套"义项①的"套语"中，"客套"义项①就成了"表示客气的客套话"，重复累赘，不合词典释义简明的要求，此其一。其二，"客套话"的释义是"……的话"，被释词和释义语对应严密。而"客套"义项①的释义"……的套语"，其中的"语"明显也是"话"的意思，如此，"客套"义项①跟"客套话"的释义就没有任何区别了，这不符合语言事实。在汉语史上，要表示客气的"话"，通常可用"套话"、"套言"、"套叙"、"套文"、"套语"，即"套"后跟的是表示讲说言谈之义的语素。"客套"一词明显不符合这种结构要求。另外，从"客套"义项①的例子"我们是老朋友，用不着讲客套"可以看出，"讲客套"是表示客气或讲究礼仪形式的意思，没有"表示客气的套语"之义，下面的媒体用例也是如此。

1. 西方就餐的礼仪以自然、实际为主，不讲客套、谦让，但用餐中的规矩却很多。（晨曦《西餐进餐礼则》，《人民日报》2001 年 2 月 23 日）

2. 孟可嘎拉出言直率、大大咧咧，最不爱跟人讲客套，这一身"行伍风"显然与他的早年经历有关。（何聪等《可可西里交响诗》，《人

民日报》2017年8月24日）

3. 初到景东，立下技术扶贫的军令状，没有寒暄，不讲客套，他一头扎进深山。（赵婀娜、柯溢能《把一朵蘑菇发展成大产业》，《人民日报》2019年11月24日）

可见，"客套"是指人与人之间的寒暄应酬，表达谦让客气之礼仪，因而义项①宜改为"表示客气的礼节"。

【悦】①高兴；愉快：喜～｜不～｜和颜～色。②使愉快：～耳｜～目。……（《现代汉语词典》第1619页）

【悦耳】形 好听：歌声婉转～。（《现代汉语词典》第1619页）

【悦目】形 看着愉快；好看：赏心～｜天空一抹晚霞，鲜明～。（《现代汉语词典》第1619页）

首先，"悦耳"跟"悦目"的构词方式一致，其释义方式当亦相同。但词典将"悦耳"释作"好听"，将"悦目"释作"看着愉快；好看"，不相照应，不够统一。我们认为有两种修改完善的方法，或将"悦目"条的"看着愉快"删去，或在"悦目"条的释义里加上"听着舒服"。

其次，"悦"字的第②义项完全可以被第①义项所包含，没有必要单列出来，以便跟词条"悦耳"、"悦目"照应。

【家】同"价"（·jie）②，如"整天家、成年家"。（《现代汉语词典》第673页）

【价】助 ……②用在某些状语的后面：成天～忙｜震天～响。（《现代汉语词典》第673页）

词典所举的这类附在时间名词后的"家"，其实是一个词缀。遗憾的是，词典未予以明确指出。

"家"的这种用法从唐代起就已经有了,起初用的是"价"字,如唐吕岩《水仙子》:"每日价,伏虎降龙。"宋元时期,"价"、"家"的这种用法增多,如宋柳永《凤衔杯》:"追悔当初孤深愿。经年价、两成幽怨。"金董解元《董西厢》:"五日三朝家没纸儿文字,官清法正无差。"元孟汉卿《魔合罗》:"每年家赶这七月七日入城,卖一担魔合罗。"显然,这些例句中的"每日价"、"经年价"、"每年家"、"五日三朝家"都可替换为"每日"、"经年"、"每年"、"五日三朝"。"价"、"家"都没有实在的词汇意义,只起衬音作用,以加强前面时间名词的语气。孙锡信《汉语历史语法要略》认为:"宋元时期以后产生了词尾性质的'家',它不再带有实义,大体有两类:(1)……(2)附于时间词或数量词等后,表示估量或描摹情态。……这种'家'也常写作'价'。"① 蒋宗许《汉语词缀研究》更明确地指出:"'价'作后缀晚于'家',始于宋词。它应是后缀'家'的音近替代字。盖因为'家'是平声字,有时不合词律的要求,于是换用'价'字来协律。"② 现代汉语里,"家"的这种用法仍然在延续,如《现代汉语词典》所列举的"整天家、成年家"等。

因此,《现代汉语词典》对"家"、"价"的解释应分别增改:"家同'价'(·jie)②,后缀,用在某些状语的后面:整天~|成年~。""价,后缀,用在某些状语的后面:成天~忙|震天~响。"

四、括注不合实际

括注是以括号为标志,用以补充说明词语用法和释义内容的词典释义手段之一。括注运用的恰当、科学与否直接关系到词典生命力的强弱。《现代汉语词典》作为我国首部规范性的语文词典,使用了大量规范、科学、实用的括注,为读者准确理解词义提供了帮助。但金无足赤,《现代汉语词典》(第7版)也不可避免地存在着括注不合实际等

---

① 孙锡信:《汉语历史语法要略》,复旦大学出版社,1992年,第112页。
② 蒋宗许:《汉语词缀研究》,巴蜀书社,2009年,第250页。

问题。

【登场】动（剧中人）出现在舞台上：粉墨～｜～人物。（《现代汉语词典》第274页）

此释中的括注将"登场"的主语限定为"剧中人"，与语言事实不符。请看：

1. 一个月后，8000余件海内外文化精品，将在敦煌国际会展中心闪亮登场。（吴兢等《丝路文博会带来甘肃"三变"》，《人民日报》2016年8月30日）
2. 9月4日即将登场的大游行正是这股民怨的延续，人们希望以实际行动督促警察局尽快破案、严惩凶手，要求法国政府采取切实措施改善治安。（木鸣《依法维权是必经之路》，《人民日报》2016年8月25日）
3. 最兴奋的是从第二局开始替补登场的二传丁霞。（王镜宇、徐征《中国女排，赢了！》，《人民日报海外版》2016年8月22日）

例1中的主语是文化精品，例2中的主语是大游行，例3中的主语是二传。可见，《现代汉语词典》括注缩小了"登场"主体的范围，需要修改。

【奔腾】动（许多马）跳跃着奔跑：一马当先，万马～◇思绪～｜黄河～呼啸而来。（《现代汉语词典》第60页）

此释中的括注限定了主语的范围，给人"奔腾"一词只能与"许多马"用在一起的错觉，而语言运用现状并非如此。请看：

1. 作为青年艺术家群体，一方面尊重、传承前辈，一方面又富于创造力，他们在任何一个时代都是"新锐"、"创新"、"活力"的代名词。他们在历史的河床中奔腾，是最为活跃的浪花、激流。（吴为山《今天的创新，明天的经典》，《人民日报海外版》2016年8月27日）

2. 厚重的黄土孕育了中华文明的肇始，奔腾的黄河书写着人文始祖的初兴，八百里秦川滋养出华夏民族历史版图上的风华。（乔婷《金色丝路上的绿色使者》，《人民日报》2016年8月17日）

3. 无人机还可以飞到人们难以抵达的地方拍摄特殊照片，比如飞抵火山口上方，拍摄火山熔岩喷涌奔腾的壮观场景。（崔馨月《无人机的应用》，《人民日报海外版》2016年8月8日）

以上例句中跟"奔腾"搭配的词语，分别是青年艺术家群体、黄河、火山熔岩，这些显然超出了"许多马"的范围，说明《现代汉语词典》的解释与语言事实不符，有待增强该括注的概括性。

【雕砌】 动 雕琢堆砌（文字）：写文章切忌～。（《现代汉语词典》第299页）

《现代汉语词典》将"雕砌"的对象限定为"文字"，不符合语言实际。请看：

1. 新修的天王殿气势宏伟，进门台阶和门柱全用整块的大理石雕砌而成。（陆培法《立天下清规，建和谐寺庙》，《人民日报海外版》2015年5月29日）

2. 在扎扬德河上，有4座古韵飘香、雕砌精美的石桥飞跨两岸。（陈一鸣《伊斯法罕半天下》，《人民日报》2005年8月3日）

3. 可是，在全球传播的巴黎公社纪念碑，却不是这座真正的"公社墙"，而为保尔·莫罗-沃蒂耶雕砌的一堵所谓"公社墙"取代。（沈

大力《再谒巴黎"公社墙"》,《人民日报》2011年3月18日)

以上例句中,"雕砌"的对象分别是大理石、石桥、公社墙,都跟词典所谓的"文字"无关。可见,《现代汉语词典》的括注需要修改。

【征募】 动 招募(兵士)。(《现代汉语词典》第1668页)

《现代汉语词典》将"征募"的对象限定为兵士,不符合现代汉语的实际:

1. "当时,学生界出于支持抗战的极大热忱,勇敢地承担起征募10万件棉衣的任务。"(温红彦、赵婀娜《上海学协,抗日救亡运动的一面旗帜》,《人民日报》2015年6月16日)

2. 后方编辑则灵活运用微信等社交软件,发布征募写手英雄帖。(崔清新《转型适应形势发展,创新打造全媒队伍》,《人民日报》2015年7月8日)

3. "父亲生前一直记得南侨总会发出的《征募汽车修机驶机人员回国服务》通告的内容。"(林浩《南侨机工后人忆先祖,望后辈铭记先人功勋》,《人民日报海外版》2015年7月6日)

以上例句中,"征募"的对象分别是棉衣、写手、汽车修机驶机人员。可见,《现代汉语词典》"征募"的括注需要修改。

第三章

训诂学与现代汉语辞书的义项

第一节　现代汉语辞书的义项要求

所谓义项，就是"字典、词典中同一个条目内按意义分列的项目"①。语文辞书解字释义的基础工作是建立正确可靠的义项，而义项设置是否正确合理，与语料的搜集研究密切相关。《现代汉语词典》作为一部规范性的词典，经过多次大规模的修订，在义项设置上不断完善，形成了自己的特色。

俗话说，"金无足赤，人无完人"，《现代汉语词典》在义项设置上仍然存在值得改进之处。在具体论述前，我们有必要明确义项设置的三个要求。

一、义项要完备

词的义项收列同语文辞书的性质有关，不同的语文辞书收列的义项往往有所区别。那些历时性的大型语文辞书往往"古今兼收，源流并重"，如《汉语大字典》、《汉语大词典》等；专书性质的语文辞书通常只收列见于某一著作的词义，如《红楼梦辞典》、《水浒辞典》等；断代语文辞书一般只收列出现于某一历史阶段的词义，如《唐五代语言词典》、《宋语言词典》等。但无论哪种性质的语文辞书，都要追求所释词

---

① 详见《现代汉语词典》第 1551 页 "义项" 条。

义的确切和义项收列的完备。

《现代汉语词典》是一部中型、断代的现代汉语语文辞书，集规范性、科学性、实用性于一体。在义项收列的完备性上，力求能将现代汉语的常用义悉数收列，避免遗漏。随着新事物、新概念的不断出现，新词、新义也蓬勃产生，加上某些固有语词或因新事物而产生新义，或因旧义、僻义在现代汉语中转化成常义，因此义项的充实完备应成为《现代汉语词典》修订的一项重要工作。

二、义项要严密

这里说的"严密"，主要是指义项的照应和有序。

义项的照应主要指字头下的义项与其组成的复合词词义具有对应关系，方便读者利用这种对应和联系更好地掌握词义。

义项的有序是指义项排列遵循历时性原则，即按照词义的历史发展顺序，从源到流，源流分明地加以科学排列，而不是罗列众多义项。

三、义项间要有区别

汉语有单义词和多义词之分。那些名词术语，通常都属于单义词，不涉及义项分合的问题。而在汉语中占绝大多数的多义词，则是语文辞书在义项分合、义项排列上需着重关注的。

为此，我们要尽可能多地搜集掌握现代汉语多义词的各类用例，并对这些用例进行细致分析和归纳，提炼概括出多义词的义项，然后按照本义、引申义、比喻义加以合理排列。

对于义项分合的确定，既要确切明了，不致含混笼统，又要概括凝练，不致琐碎庞杂，避免出现不明词义的当分而合或不做概括的当合而分。

第二节　现代汉语辞书的义项问题

现代汉语辞书解字释义的基础工作是建立正确可靠的义项，而义项设置的正确合理与否，取决于词典编纂者搜集、分析、概括文献语料的能力。这与能否充分利用训诂学原理、方法和研究成果有相当的关联。正如郭在贻指出的："训诂学是研究字、词古义的学问，它的研究成果可以为辞书编纂工作提供丰富的资料，从而使辞书不致将应列的义项漏略掉；已经被漏略了的，还可以在重新修订时加以补充。"① 下面我们就运用训诂成果，从义项缺漏、义项冗余、义项分合不当三个方面论述《现代汉语词典》（第 7 版）在义项设置上存在的问题。

一、义项缺漏

【酸痛】形 （身体）又酸又痛。（《现代汉语词典》第 1251 页）

"酸"有悲伤、悲痛义，《正字通·酉部》："酸，悲痛亦曰酸。"晋陆机《感时赋》："矧余情之含瘁，恒睹物而增酸。"唐韩愈《贺册尊号表》："衔酸抱痛，且耻且惭。"茅盾《故乡杂记·一封信》："我忍不住微笑了，但心里却是一阵酸。"白桦《曙光》第五场："乐队奏出的乐句，触人心酸。"以上古今书证中的"酸"都是悲痛之义。《现代汉语词典》"酸"字的第③义项即为"形 悲痛；伤心：辛～｜悲～｜心里一～，眼泪就淌了下来"。

表悲痛义的"酸"和"痛"可构成同义复词"酸痛"。先看古代的例子。晋袁宏《后汉纪·光武帝纪六》："城中老母婴儿，口以万数，兵火大纵，可为酸痛。"南朝宋谢灵运《庐陵王诔》："发酸痛于仁诏，令

---

① 郭在贻：《训诂学》，湖南人民出版社，1986 年，第 52 页。

宠赠于哀心。"《红楼梦》第四十九回:"心里只管酸痛,眼泪却不多。"

在现代汉语中,这样的例子也有不少。

1. 近来虽然泪少了,可是心却常常酸痛,好像眼泪都流在心里似的。(巴金《家》)

2. 每天夜里当孩子熟睡了的时候,望着孩子那可爱又可怜的小脸,我深深地叹着气,心一阵阵地酸痛。(白朗《珍贵的纪念》)

3. 回想起当年一个个栩栩如生的舞台形象,从《龙须沟》里程疯子听知小妞子淹死时倚门搓泥的神情,到《茶馆》里粘贴"莫谈国事"后摩挲着双手走路的步态,便有一种难以言喻的酸痛,岂止是人世无常的浩叹,更有文化层面的惆怅……(郭启宏《好人是之》,《人民日报》2009年11月26日)

4. 记得上个世纪90年代初,西北广袤的土地连年干旱,粮食大幅度减产,乡镇干部为了保证国家的征购任务,从农民手中"夺"粮的那个"狠"和"难",至今想起来都心中酸痛。(王云奎《好事别再姗姗来迟》,《人民日报》2003年11月12日)

因此,《现代汉语词典》在"酸痛"条下宜补上第②个义项:悲痛。

【洞达】动 很明白;很了解:～人情世故。(《现代汉语词典》第315页)

此释显然难以解释下面这些句子中的"洞达"。

1. 因而,只要让学习走入生活,使生活学习化,学习生活化,就能天天洞达乐观,年年春色近人。(张保振《走进学习的春天里》,《人民日报》2011年5月6日)

2. 再后来,探访他的居宅,陪他出游云南的一些地方,接触多了,才知道他是一位胸怀豪情万丈的高士,谈吐中洞达的人生理念,对艺术创作超然放逸的见解,在不经意间传达出来,给你诸多启迪,让你从平和的言辞中深深受益。(周文林《妙笔丹青寄情怀》,《人民日报》2007年2月28日)

3. 在《东坡咏梅》这件作品里,东坡的睿智洞达都在微微一笑的生动形象和表情中传达出来了。(孙克《不择地皆可出》,《人民日报》2003年8月24日)

排比、揣摩这些句子,可以看出其中的"洞达"具有"豁达;开通"之义,为形容词。这是因为"洞"和"达"都有通之义,"洞达"是一个同义复词。因此,"洞达"条当补上此义项。

【涂饰】动①涂上(油漆颜色):～木器。②抹(灰、泥);粉刷:～墙壁。(《现代汉语词典》第1326页)

"涂饰"的"涂"义同"饰",《集韵·麻韵》:"涂,饰也。"《穀梁传·襄公二十四年》"台榭不饰",范宁注:"涂,涂饰。""涂饰"乃同义复词。"涂饰"除有涂抹之本义外,还可引申为"修饰;装扮",《现代汉语词典》宜补上此义。下面的例句皆是明证。

1. 历史上都写着中国的灵魂,指示着将来的命运,只因为涂饰太厚,废话太多,所以很不容易察出底细来。(鲁迅《华盖集·忽然想到(四)》)

2. 那些日记作者当时未必都存有编史立传的宏愿,但因记录翔实,不作涂饰,有一说一,有二说二,或长或短,或详或简,多多少少留下了本朝本代有关政治、军事、经济、文化、教育、科学、技艺、典章制度、诗文辞赋以至山川风物、人物轶事等等方面的资料。(袁鹰《充实多彩的生命长征史》,《人民日报》2007年6月10日)

3. "走出去"是一条路,不是目的地;是内功的沉积,不是外表的涂饰;是让业绩、贡献和创造的价值"走出去",而不是把名气、版图和奖杯"收进来"。(邱子磊《"走出去"之我见》,《人民日报》2005年1月31日)

4. 的确有这样的评论家:他们最擅长把"赝品"吹成"珍品";把"垃圾"涂饰成"绿色食品"。(陈歆耕《什么是"伟大的中国小说"》,《中华读书报》2011年9月21日)

【剩余】动 从某个数量里减去一部分以后遗留下来:不但没有亏欠,还~了不少。(《现代汉语词典》第1175页)

"剩余"除有动词"多余;余下"的义项外,还可补充名词的义项:多余的东西。请看下面的句子:

1. 另一方面,组织者因为企业的存在而享有更多的收益剩余及其支配权力,这为企业承担责任提供了物质前提和组织保障。(张圣兵《企业为什么应承担社会责任》,《人民日报》2012年7月19日)

2. 根据北京市阶梯电价实施细则,市电力公司相关人员回复,"一档电额度用完之后,可以根据预估用电量来购买二档电,营业厅的相关人员也会有提示,若有剩余,电量可以延续到下一年使用"。(魏薇等《这样买电用电更划算》,《人民日报》2012年7月6日)

3. 也就是说,如果挂普通号,医保患者只需自付2元;如果挂不同级别的专家号,分别需要自付20元、40元、60元。结果,普通号需求大增,而专家号出现剩余。(白剑峰《挂号费里的经济学》,《人民日报》2012年7月19日)

以上例句中的"剩余"都是名词,可补《现代汉语词典》仅列动词义的不足。

【定当】〈方〉形 停当；妥当：商量～｜安排～。（《现代汉语词典》第 307 页）

"定当"的方言义在现代汉语中并不常用，收释此义是否妥当，似可商榷。这且不说，关键是"定当"的"一定、必定"义失收①，极不应该。请看下面这些例子：

1. 此消息已传布市面，明日行市定当一落千丈，决无疑义。（曹禺《日出》第五幕）
2. 多年以来，不论身在何处，从政或是从教，他都忘不了古典诗歌：身在冗长会议，他往往默诵名篇，笔走龙蛇；游历名山大川，他必定揣摩诗律，题咏佳构；得遇文朋好友，他定当畅论诗趣，谈锋强健。（梅敬忠《诗心诗梦解红楼》，《人民日报》2010 年 11 月 16 日）
3. 重振三大球，说来容易，做到很难。正因如此，中国体育如能打好三大球的翻身仗，定当赢得更多支持与赞誉。（钟文《重振三大球，不能光说不练》，《人民日报》2010 年 8 月 30 日）

这些句中的"定当"显然都是一定的意思，因而《现代汉语词典》当补上此义。当然，严格说来，"定当"应分列两条进行解释，因为方言义"定当"的"当"读去声，表"一定"义的"定当"的"当"读阴平。

【际会】〈书〉动 际遇；遇合：风云～。（《现代汉语词典》第 617 页）

此释可谓是"以难释难"。因为释义语中的"际遇"和"遇合"不仅不是常用词，而且还是多义词，显然不便于读者正确理解"际会"一

---

① "定当"为同义复词，"当"也是"一定、必定"义，裴学海《古书虚字集释》卷六："当，犹定也，必也。"

词。其实,"际会"的"际"与"会"同义,"际会"是同义复词,义为"会合"。这有古文献为证。《广雅·释诂》:"际,会也。"《易·坎卦》:"樽酒簋贰,刚柔际也。"《庄子·刻意》:"精神四达并流,无所不极,上际于天,下蟠于地。"这两例中的"际"都是会合、聚合之义。同义复词"际会"在古今汉语中主要有两种意思,一是"会合,聚合",如《现代汉语词典》所举的"风云际会"即是;二是"机遇,时机",如汉王充《论衡·偶会》:"圣主龙兴于仓卒,良辅超拔于际会。"代琪等《学好汉语言,中国梦可圆》:"韩诚表示,是一些因缘际会让他迟迟没离开,最后留在了中国。"(《人民日报海外版》2012年7月16日)

因此,《现代汉语词典》"际会"一词不妨这样解释:"〈书〉① 动 会合;聚合:风云～。② 名 机遇,时机:因缘～。"

【流溢】 动 充满而流出来;漫溢:泉水～|园中百花竞艳,芳香～。(《现代汉语词典》第838页)

释义语中的"漫溢"是"水过满,向外流"① 之义,显然与"充满而流出来"之义重复,也与例中的"园中百花竞艳,芳香～"不相照应。其实,"流溢"一词在现代汉语中主要有两个意思,一是水满流出,这是基本义;二是散发、充满的意思,如"芳香流溢"、"流溢着人性的希望之光"等,这是引申义。据此,《现代汉语词典》"流溢"一词可以这样解释:" 动 ①水满流出:泉水～。②散发,充满:芳香～。"

【再次】 副 第二次;又一次:～获奖|～当选会长。(《现代汉语词典》第1629页)

---

① 详见《现代汉语词典》第876页"漫溢"条。

此释失收习用语"首先—其次—再次—"的"再次"之义。对于习用语"首先"和"其次",《现代汉语词典》分别释为"指示代词。第一(用于列举事项)","指示代词。次第较后;第二(用于列举事项)"。因而"再次"需相应增补一个义项:"指示代词。第三(用于列举事项)。"

【保护色】名 某些动物身上的颜色跟周围环境的颜色类似,这种颜色叫作保护色。有保护色的动物不容易让别的动物发觉。(《现代汉语词典》第 46 页)

《现代汉语词典》将释义语的主语定位在"某些动物身上",难以解释下面例子中的"保护色"。

1. "这么着,"老张假装的脸一红;说红就红,要白就白,这是我们哲学家老张夫子的保护色。(老舍《老张的哲学》)
2. 韩学愈容颜灰暗,在阴天可以与周围的天色和融无间,隐身不见,是头等保护色。(钱锺书《围城》)
3. 理论家们说,胡适同国民党蒋介石闹点小别扭,对他们说点比较难听的话,这就叫做"小骂"。通过这样的"小骂",给自己涂上一层保护色,这种保护色是有欺骗性的,是用来迷惑人民的。(季羡林《为胡适说几句话》)

揣摩这些句子,可知"保护色"似应增补一个义项:"免遭尴尬或伤害的一种掩饰。"

【采光】动 通过设计门窗的大小和建筑物的结构,使建筑物内部得到适宜的自然光照。(《现代汉语词典》第 120 页)

《现代汉语词典》将"采光"的词性定为动词,但在汉语实际运用中不难发现,"采光"一词还有名词的用法。请看:

1. 从2017年底,社区开始摸底调查,了解居民意愿,把厨卫、燃气、给排水、通风、采光等14项居民日常生活需求纳入改造计划,按照有拆、有留、有改的方式,进行基础设施的有机更新。(孙超《以治理升级共建美丽城市》,《人民日报》2020年8月6日)

2. 随着1967年正式停止生产,荒废厂区大跨度的空间、良好的采光,吸引了柏林多个著名音乐俱乐部在此活动。(刘军国等《因地制宜,打造城市标志性商圈》,《人民日报》2021年3月30日)

3. 因为窗子小采光不好,即使在大白天,走廊里也要开着灯。(张洁《沉重的翅膀》)

日常生活中,"采光"名词义的使用是非常广泛的,《现代汉语词典》有必要增补其名词义项:"建筑物内自然光线强弱的情况。"

【表现】动①表示出来:他的优点～在许多方面|他在工作中的～很好。②故意显示自己(含贬义):此人一贯爱～,好出风头。(《现代汉语词典》第87页)

《现代汉语词典》只收释了"表现"的动词义项,失收名词义项。请看:

1. 巴基斯坦总理国家健康服务、管理和协调事务特别助理扎法尔·米尔扎表示:"中国在应对疫情方面的表现,为世界公共卫生安全作出了突出贡献。"(丁雪真《患难见真情,共同抗疫情》,《人民日报》2020年4月10日)

2. 种种行为,既是隐藏在人性阴暗角落的种族主义意识暴露出来

的结果,也是当前人权政治化盛行的表现。(毛俊响《警惕种族主义这种"政治病毒"》,《人民日报》2020年4月1日)

3. 澳门民意调查研究学会发起的一项公益性问卷调查结果显示,澳门近九成受访居民对特区政府应对此次疫情的表现感到满意,对澳门能有效控制疫情有信心。(芦樵《澳门同心抗疫见成效》,《人民日报》2020年3月15日)

以上三例中的"表现"都位于"的"之后,显然都是名词。因此,《现代汉语词典》应增补"表现"的名词义项:"表现出来的行动等。"

【法式】 名 标准的格式:《营造～》。(《现代汉语词典》第355页)

《现代汉语词典》关于"法式"一词收释义项欠齐全。

随着外国文化进入中国,一些具有国外独特风格的物品便被冠以"～式",如"英式"、"美式"、"法式"等。因此,"法式"一词在现代汉语中除了"标准的格式"一义外,还可以表示"法国样式的"之义。例如:

1. 该国由于长期为法国殖民地,所以法式礼节颇为流行。(马保奉《科摩罗习俗》,《人民日报海外版》2020年2月22日)

2. 食品及农产品展区,法国参展商正在制作法式料理,吸引了不少参观者驻足。(韩晓明《中国的创举,世界的机遇》,《人民日报》2019年11月8日)

3. 黄墙红瓦的法式建筑早已斑驳,裸露岩石的房屋顽强地抵御着风霜侵蚀,碧色寨的一切,仿佛都在诉说着曾经的繁华。(史家民《火车拉来碧色寨》,《人民日报》2015年6月21日)

4. "这份国礼非常'法式',因为法国人爱好阅读,爱好文学和历史。"吉美博物馆图书室主任克里斯蒂娜·克拉姆罗蒂如此形容。(龚鸣

《国礼〈论语导读〉背后的故事》,《人民日报》2019年7月14日)

从以上例句可以看出,"法式"涉及了礼仪、餐饮、建筑等生活的多个方面,已被人们广泛使用,因而《现代汉语词典》应当增补"法国样式的"这一义项。

【坠地】〈书〉动 指小孩子初生:呱呱～。(《现代汉语词典》第1727页)

"坠"的本义是"落下"。《说文解字》:"坠,陊也。""陊"同"堕",落下之义,《论语·子张》:"文武之道,未坠于地。"据此,"坠地"一词应有"落地"的意思。唐张籍《惜花》:"蒙蒙庭树花,坠地无颜色。"《旧唐书·五行志》:"其年,宣州暴雨震电,有物坠地,猪首,手脚各有两指,执一赤斑蛇食之。"在现代汉语中,"坠地"的"落地"义的使用也很普遍。

1. 广西南宁市一名7岁女孩,单独在家爬上阳台,掰开隐形防护网,不幸从22楼坠地身亡……(张洋、李福妃《快乐过暑期,紧绷安全弦》,《人民日报》2018年6月20日)
2. 不过长时间的等待,偶尔也会有收获,就在眼睛酸乏的时候,突然看到一朵下落的木棉花,带着旋转倏忽坠地,整个下落的轨迹就像一个急促的感叹号,充满力量。(郝俊《早春木棉红》,《人民日报》2020年3月18日)
3. 接着飞机轰然坠地,把坚硬的水泥跑道砸出了大大的深坑,顿时燃起熊熊大火。(王亮《新一代革命军人的楷模——张超同志先进事迹报告会发言摘登》,《人民日报》2016年8月25日)

从以上三个例句可以看出,"坠地"可表示"物体落地"的意思。

这一基本义至今仍普遍使用。而词典所释"小孩子初生"显然是"坠地"的引申义。因此,《现代汉语词典》"坠地"一词应增补另一动词义项:"指物体落地。"

【弯】①形 弯曲:～路｜树枝都被雪压～了。②动 使弯曲:～腰｜～着身子。③（～儿）名 弯子:转～抹角｜这根竹竿有个～儿。④〈书〉拉(弓):盘马～弓。(《现代汉语词典》第1346页)

《现代汉语词典》"弯"字收录了四个义项,但失收了一个常用义,即"量词,常用于弯状物"。请看:

1. 6日清晨7时许,记者头顶一弯下弦月前往拉萨北郊的色拉寺,只见一条数公里长的信众队伍已井然有序地排起在清冷的夜色中。(吴宇、德吉《"一年心愿早许下"藏历年前夕拉萨色拉寺见闻》,《人民日报海外版》2005年2月7日)

2. 俯瞰一弯又一弯蓝醉了的喀纳斯湖,云天相伴,山谷激荡,那样一种蓝啊,我寒碜的文字怎生描摹！(陆梅《美的款待》,《人民日报》2016年8月8日)

3. 它们涂着枣红的眼线,两弯月牙儿,飘着雪白的绒毛,显得眼睛格外有神。(梦野《大漠明珠红碱淖》,《人民日报海外版》2020年7月3日)

从以上例句可以看出,量词"弯"可用于描述月亮、湖泊、眼睛等。检索人民网,可以发现"弯"还可作桥梁、彩虹、溪流等事物的量词。因而"弯"的量词义项属于常用义,《现代汉语词典》应予补收。另,《现代汉语词典》"轮"字的第⑤义项就收有"量词,多用于红日、明月等",从词典的照应性上说,收释"弯"的量词义项,也有助于词典日臻完善。

第三章　训诂学与现代汉语辞书的义项

【打哈哈】〈口〉开玩笑：别拿我～！｜这是正经事，咱们可别～！（《现代汉语词典》第 234 页）

除了"开玩笑"一义外，"打哈哈"还有"搪塞，打马虎眼"之义。请看：

1. 所谓乡愿，一乡之中，谁都不得罪，遇人笑嘻嘻，逢事打哈哈，事皆称美，实际却是圆滑世故的好好先生，正所谓"乡愿之善，既足以媚君子，好合同处，又足以媚小人"。（陈凌《从政莫为"乡愿官"》，《人民日报》2014 年 7 月 2 日）

2. 王君超认为，公务人员不正面地回答公众质询，而是"打哈哈"，是一种非常不明智的沟通策略。（马龙、贾玥《政府回应，有姿态还要有干货》，《人民日报》2014 年 9 月 12 日）

3. 一些督察对象往往是"上有政策、下有对策"，或在汇报材料上做文章，或在关键问题上"打哈哈"，企图靠弄虚作假、滥竽充数来蒙混过关。（吕晓勋《加强督察，把改革的"钉子"钉结实》，《人民日报》2016 年 7 月 25 日）

显然，以上三例中的"打哈哈"都有"搪塞"、"敷衍"、"打马虎眼"的意思，《现代汉语词典》应该增补此义。

【比翼鸟】名 传说中的一种鸟，雌雄老在一起飞，古典诗词里比喻恩爱夫妻。（《现代汉语词典》第 67 页）

"比翼鸟"除了常见的此义外，从古到今还有另外的意义。请看：

1. 愿为比翼鸟，施翮起高翔。（三国魏曹植《送应氏》）
2. 昔为比翼鸟，今如失水鱼。（明陆深《赠别徐昌谷》）

3. 曾为比翼鸟，相将拭羽翰。（明韩上桂《赠同年关德甫吴用潜成进士》）

4. 奥运项目和非奥运项目就像中国体育的一对比翼鸟，它们的协调发展、携手共进，将使中国为世界奥林匹克运动作出更大的贡献。（红深《比翼齐飞》，《人民日报海外版》2001年8月6日）

5. 内资引进和外资相互促进，共同发展，已经成为厦门经济发展的"比翼鸟"。（陈运军、殷磊《五年经济：三大指标翻一番》，《厦门日报》2006年10月25日）

6. 刘征对沈鹏的诗有独到的见解，他在《师道和书道——沈鹏〈三徐吟草〉序》中写道："诗与书不仅如同比翼鸟，还如同连理枝，两者的血脉是相通的。"（张瑞田《丰盈的现代土壤开出鲜艳之花》，《文艺报》2019年4月15日）

例1中《送应氏》的"应氏"是指应场、应璩两兄弟，作者跟他们属于朋友关系，例2和例3中的赠诗对象也都是作者的朋友，因而跟"恩爱夫妻"无关。至于后面三例现代书证，说的是两类事物，更是与"恩爱夫妻"毫无瓜葛。

因此，"比翼鸟"一词应补上"也可以用来比喻相伴的朋友和事物"义项。

据上所考，原释义"古典诗词里"一语的后面宜加上"常常"或"往往"，以使表述更为确切。

【尔】……⑤形容词后缀（这类形容词多用作状语）：率～｜卓～不群｜莞～而笑。（《现代汉语词典》第345页）

词典此释遗漏了"尔"作副词后缀的情况。"尔"在古汉语中最早是作为人称代词和指示代词出现的，而"尔"作副词后缀则是由指示代词"尔"放在句尾发展而来的。

汉代以前，"尔"作指示代词的用例不多，在句中主要充当宾语和定语。汉代以后,指示代词"尔"的使用开始增多,其作用扩大到还可充当谓语。这样一来,一些副词就可以放在充当谓语的"尔"前面,如《世说新语·贤媛》:"太傅慰释曰:'王郎,逸少之子,人身亦不恶,汝何以恨乃尔?'"《三国志·先主传》:"德然父元起常资给先主,与德然等。元起妻曰:'各自一家,何能常尔邪!'""乃尔"意为竟然这样,"常尔"意为常常这样,两个词都是单音副词+"尔"的组合。随着这种组合的经常出现,单音副词与"尔"渐渐从短语粘合变成双音节词语。索绪尔在《普通语言学教程》中指出:"粘合是指两个或者几个原来分开的但常在句子内部的句段里相遇的要素互相熔合成为一个绝对的或者难以分析的单位。"①"尔"在粘合的过程中渐渐由一个句法成分转变成了归属于词的语素。

"尔"作副词后缀的用法,前贤时彦也早有讨论。杨树达《词诠》曰:"语末助词。《玉篇》云:尔,词之毕也。为形容词或副词之语尾。为副词之语尾者,其助动词时,必带连词而字。"王力《汉语史稿》认为:"有一类字必须肯定是形容词或副词的词尾,那就是'如'、'若'、'然'、'尔'、'而'等。它们都是一个词的变形。"② 也就是说,"尔"与"然"的用法相近。参照《现代汉语词典》第1090页"然"的第④义项"副词或形容词后缀:忽～｜突～｜显～｜欣～｜飘飘～",所以"尔"也应有副词后缀的用法。蒋宗许在《汉语词缀研究》中也说:"'尔'作后缀用法略同于'然',只是在组合形式上与'然'有别,'然'缀其前可以是单音词,也可以是叠音词,而'尔'一般只与单音的形容词或副词相结合,很少例外。"③ 可见,"尔"可作副词后缀已成为学界的共识。

因此,《现代汉语词典》"尔"的第⑤义项宜改为"⑤后缀。a)形容词后缀(这类形容词多用作状语):率～｜卓～不群｜莞～而笑。b)副词后缀:偶～"。

---

① 索绪尔:《普通语言学教程》,商务印书馆,1980年,第248页。
② 王力:《汉语史稿》中册,中华书局,1980年,第314页。
③ 蒋宗许:《汉语词缀研究》,巴蜀书社,2009年,第162页。

【家】·jiɑ 后缀。①〈口〉用在某些名词后面，表示属于那一类人：女人～｜孩子～｜姑娘～｜学生～。②〈方〉用在男人的名字或排行后面，指他的妻子（qī·zi）：秋生～｜老三～。(《现代汉语词典》第623页）

此释遗漏了"家"可用在五脏、病症、病因后面作词缀的情况。

"家"作词缀在两汉时期就已出现，《潜夫论·相列》："故师旷曰'赤色不寿'，火家性易灭也。"在古代，赤色与五行中的火相配，所以可用火来解释赤色。这句的意思是，所以师旷说"赤色不寿"，这是因为火的属性容易灭。《逸周书·太子晋解》："师旷对曰：'汝声清汗，汝色赤白。火色不寿。'"将此句与上句相对照，可清楚地知道火色就是赤色。故火家即火，"家"是无实在意义的词缀。东汉中后期，词缀"家"的用法更为广泛，且主要活跃在医书中。比如《金匮要略·水气病脉证并治第十四》："后重吐之，胃家虚烦，咽燥欲饮水，小便不利，水谷不化，面目手足浮肿。"《伤寒论·辨太阴病脉证并治第十》："至七八日，虽暴烦下利，日十余行，必自止，以脾家实，腐秽当去故也。"《金匮要略·痉湿暍病脉证治第二》："疮家，虽身疼痛，不可发汗，汗出则痉。"《伤寒论·辨太阳病脉证并治上第五》："喘家，作桂枝汤，加厚朴、杏子佳。"

由以上这些句子可以看出，无实义的"家"既可附在五脏之词后指五脏，如"胃家"、"脾家"之义即为"胃"、"脾"，也可附在病症、病因之后指病症，如"疮家"、"喘家"之义即为"疮"、"喘"。词缀"家"的这种用法一直延续到现代，比如：

1. "经著名太医张友士诊断，指出病源是'心气虚而生火'，'肝家气滞血亏'，'脾土被肝木克制'，'肺经气分太虚'，看来已是多症并发。"（毛志成《贾府人的吃饭与吃药》，《人民日报海外版》2001年8月6日）

2. "不过从药性看，还是有些道理，紫菀微温而润，为肺家要药，

能开泄肺郁。"（蒲昭和《一味紫菀除便秘》，《健康时报》2001年4月19日）

蒋宗许的《汉语词缀研究》也对词缀"家"表示了认同："医书中五脏以'家'缀后，以及因为中医以五行配五脏而在'金、木、水、火、土'后以'家'为缀，更可见后缀'家'的旺盛生命力。"① 因此，《现代汉语词典》"家"的后缀义中应该加释一条："③用在五脏、病症、病因的后面：胃～｜脾～｜疮～｜喘～。"

【商旅】〈书〉名 指往来各地买卖货物的商人。（《现代汉语词典》第1142页）

在现代汉语中，表示商人义的"商旅"其实已经很少使用了，倒是一种新的意思正在流行开来。请看一些报纸文章的标题：

1. 商旅酬酢开支管理渐受重视（《国际金融报》2006年10月31日）
2. 中国商务旅行业报告为商旅公司把脉（《国际金融报》2008年10月8日）
3. 中国商旅管理进入2.0时代（《人民日报海外版》2019年3月7日）

这些标题中的"商旅"是"商务和旅游"的简称，是当下时兴的一种休闲与办公相结合的商务行为。我们认为，"商旅"的这种新含义，《现代汉语词典》应加以补充。

---

① 蒋宗许：《汉语词缀研究》，巴蜀书社，2009年，第247页。

【奇葩】 名 奇特而美丽的花朵：～斗妍◇这篇小说是近来文坛上出现的一朵～。(《现代汉语词典》第1024页)

"奇葩"本是古语词，意谓珍奇的花，汉司马相如《美人赋》："奇葩逸丽，淑质艳光。"明朱鼎《玉镜台记·庆赏》："只见万种奇葩呈艳丽，十分春色在枝头。"后也用来比喻优秀的作品或出众的人物，如碧野《名城颂》："(《丝路花雨》)这朵鲜艳多姿的艺术奇葩，给死者以怀念，给生者以欣慰。"《现代汉语词典》的解释顾及了此词的本义和比喻义，还是比较确切的。

但语言是不断发展的，"奇葩"一词经今天的网络流行后，似乎不再专指美好，而是特指某些违背常理、与众不同的人或事物，带有吐槽、戏谑乃至贬抑的意思。从下面这些标题就可看出：

1. 根除奇葩证明需要上下合力（《法制日报》2015年11月23日）
2. 银行该如何面对"奇葩"客户（《检察日报》2015年2月11日）
3. 清理"奇葩收费"得靠刚性法治（《长沙晚报》2015年3月11日）

因此，《现代汉语词典》对"奇葩"这一新的用法和意思应该予以及时补充。

【豪雨】 名 大暴雨：一夜～。(《现代汉语词典》第519页)

属于气象学方面的"小雨"和"暴雨"，《现代汉语词典》都分别收列了两个义项，一个属于一般的解释，一个属于气象学定义。如"小雨"，《现代汉语词典》第1445页释曰："①下得不大的雨。②气象学上指1小时内降雨量在2.5毫米以下，或24小时内降雨量在10毫米以下的雨。"又如"暴雨"，《现代汉语词典》第51页释曰："①大而急的雨。

②气象学上指 1 小时内雨量在 16 毫米以上，或 24 小时内雨量在 50 毫米以上的雨。"但对于"豪雨"一词，词典只有一般的通俗解释，缺少应有的气象学定义。

"豪雨"一词，本为中国台湾地区用语，随着语言的交流与发展，目前已成为现代汉语的常用语。如：

1. 南宁 7 月的一场豪雨，是台风"碧利斯"的"附产品"，看上去是台风带来的一场灾害，但深想想，却不是那么简单。（亦欣《请关注城市生态》，《人民日报》2006 年 8 月 31 日）

2. 其表现是在世界不同地区造成暖冬、夏季豪雨或大面积干旱等。国家粮食局科学研究院研究员丁声俊认为，旱灾比水灾的危害更严重，因为前者波及范围广，时间长，往往导致大饥荒。（吴志华等《改善生态环境，保障粮食安全》，《人民日报》2009 年 2 月 18 日）

3. 台湾气象部门今天下午解除台风"凡亚比"警报，但持续发布豪雨特报。（杜榕、姚小敏《台风警报解除，台南暴雨成灾》，《人民日报海外版》2010 年 9 月 21 日）

4. 记得我第一次到出版社报到时，正是夏日的一场豪雨刚过，整个东亭路被积水淹没，变成一条溪流。（徐鲁《荷花盛开的城市》，《人民日报》2020 年 8 月 17 日）

因此，《现代汉语词典》"豪雨"一词宜增补气象学方面的义项。

二、义项冗余

【落英】〈书〉 名 ①落下的花：～缤纷。②初开的花。（《现代汉语词典》第 864 页）

"落英"第②义项的用法在现代汉语里几乎见不到，估计来自所谓的新说。这种新说始于宋朝，当时一些学者对屈原《离骚》"朝饮木兰之坠露兮，夕餐秋菊之落英"的"落英"意义提出质疑，认为《尔雅·释诂》有"落，始也"的解释，"落英"应当理解为"始开的花"，而不是传统的"坠落的花"。这种新说主要见于吴仁杰《离骚草木疏》、费衮《梁溪漫志》、罗大经《鹤林玉露》、蔡絛《西清诗话》、姚宽《西溪丛语》、周必大《省斋文稿》、史正志《史老圃菊谱后序》、吴景旭《历代诗话》、陈本礼《屈辞精义》，等等。或许此说比较新颖，不少现当代学者的著作也认同这一观点，如陈子展《楚辞直解》、王泗原《楚辞校释》、姜亮夫《屈原赋今译》、金开诚《屈原集校注》等，至于持此观点以博眼球的文章更是不胜枚举。

对于宋人的臆说，明胡应麟和汪瑗，清蒋骥、周拱辰、焦循等皆有针锋相对的批驳，现代著名学者闻一多、游国恩、钱锺书等亦有详考，其中尤以游国恩和钱锺书的论述最为详尽精辟。我们曾写有《"落英"释义平议》一文①，综合前贤时彦的论述，从训诂学、版本校勘学、佛经语料、文学欣赏四个方面论述"落英"是"落花"之义，"落"当为"陨落、坠落"的意思。

因此，无论从"落英"一词的始出义来看，还是从当代语言的实际运用情况来看，其第②义项都是站不住脚的，应予删去。

【穷极无聊】①困窘到极点，无所依托。②无事可做，非常无聊：一假期待在家里，～。（《现代汉语词典》第1071页）

追溯"穷极无聊"的出典，不少成语词典都认为语出南朝梁费昶的《思公子》："虞卿亦何命，穷极苦无聊。"但"穷极苦无聊"的"穷极"，并非贫穷、困窘之义，而是副词极其、极端的意思。因而义项①能否成立，当可商榷。此外，在现代汉语中，义项①的用法极其少见，这从《现代汉语词典》没有举出具体书证也可看出。因此，以收释现代汉语

---

① 杨晨林、周掌胜：《"落英"释义平议》，《绥化学院学报》，2016年第2期。

语词为己任的《现代汉语词典》，没必要保留一个今天不再使用的义项，义项①完全可以删去。

【穷忙】动①旧时指为了生计而忙碌奔走。②事情繁杂，非常忙碌（多含忙而无功意）。（《现代汉语词典》第1071页）

义项①既然说"旧时指……"，可见现代汉语里已无这种用法。况且释义后未举今天的用例，更可说明今天已无这种用法。因此，这一义项当可删却。

笔者认为，"穷忙"的释义，应该围绕其语素义，结合实际用例来进行概括。首先，"穷"有极、很、非常之义，《广雅·释诂》："穷，极也。"《后汉书·酷吏传序》："至于重文横入，为穷怒之所迁及者，亦何可胜言。"李贤注："穷，极也。"成语"穷凶极恶"、"穷奢极侈"、"穷工极巧"的"穷"，从对文结构均可以看出是副词极其、非常的意思。因而"穷忙"就是很忙、非常忙碌的意思。义项②的"事情繁杂"一语实属多余，应当删去。

【客】……④客商：珠宝～。……（《现代汉语词典》第741页）

在现代汉语里，第④义项的释义语"客商"一词似已成了生僻词，普通读者看了可能也不是很明白其确切的意思。虽然"客"字下收有"客商"一词，释曰"往来各地进行贸易的商人"，但显然不够直接明了，不符合工具书方便读者的要求。再加上所举例子"珠宝客"，在今天的语言交际中更是难得见到。旧时的"珠宝客"，今天通常是说"珠宝商"。因此，为简明起见，《现代汉语词典》宜将"客"的第④义项删去。

三、义项分合不当

【经久】① 动 经过很长的时间：掌声～不息。② 形 经过较长时间不变：～耐用。(《现代汉语词典》第 686 页)

《现代汉语词典》把"经久"的义项分置成两个，非常不妥。这是词条编写者误解"经久"之"经"的词义所致。从《现代汉语词典》的解释来看，似把"经久"的"经"理解成了动词经过之义，这不正确。这里的"经"义同"久"，《慧琳音义》卷二十七"经"注引《玉篇》："经，久也。""经久"乃同义复词，当释为"长久"。请看下面的例子：

1. 地势洿下，宜溉灌，终有鱼稻经久之利，此丰民之本也。(《三国志·魏志·郑浑传》)
2. 势所以决用奇之智，险所以济经久之谋，虽英豪复生，亦亡以易此论也。(唐司空图《华夷图》)
3. 长征已经过去 70 多年了，但长征中的重要会议、诗词歌曲、标语口号、战役战斗以其不朽的思想价值和文化价值，经久不衰地流传于世。(陈德杰《长征研究的新视角》，《人民日报》2012 年 8 月 7 日)
4. 善于概括、归纳能帮助我们抓住文章之纲，不但统领全篇，而且经久不忘。(袁修美《读书应得法》，《人民日报》2012 年 7 月 3 日)

显然，这些古今文献中的"经久"都是形容词长久的意思，所谓动词"经过很长的时间"这种说法是建立在误解"经"之长久义的基础上的，是根本不成立的。

因此，《现代汉语词典》"经久"条应当改释为" 形 长久"。以此检验现代汉语的用例，可以说无不顺畅妥帖。就拿《现代汉语词典》所举的"掌声经久不息"和"经久耐用"两例来说，前例是掌声长久没有停止的意思，后例是禁得起长久使用的意思（"耐"是禁得起之义），根本不用像《现代汉语词典》那样解释得累赘而又错误。

【翻飞】 动①忽上忽下来回地飞：一群蝴蝶在花丛中～◇思绪～。②自上而下地翻动或飘动：雪花～。（《现代汉语词典》第357页）

此释不符合词典释义概括性的要求。我们稍微举几个例句就可发现此释的不合理。

1. 后来，每年的春之渐近，那两只蝴蝶上下翻飞，翩翩起舞，痴痴地望着。（程广海《五宝庵山上的感动》，《人民日报海外版》2012年7月21日）

2. 一次，一场大雨之后，一轮彩虹挂在眼前，旗幡翻飞，零落藏村点缀在山谷间，清凉的风吹过脸颊，安楠说心里莫名地感动并且不由得感慨："生活，是一件多么美好的事。"（周萍等《旅行让生活更美好》，《人民日报》2012年7月19日）

3. 转调、低鸣、急落、高亢，王滨的十指在黑白琴键上轻歌曼舞、翻飞跳跃，时而委婉连绵，时而波澜壮阔，琴声如诉如歌，恰似无言胜有声，让人感心动耳，荡气回肠。（顾玉清《志在高山流水》，《人民日报》2012年5月11日）

例1说"两只蝴蝶上下翻飞"，而按照《现代汉语词典》的解释，"翻飞"就是"忽上忽下"地飞，那例1的"上下翻飞"岂不是重复累赘？是传媒误用还是词典解释有误？例2写"旗幡翻飞"，这里的"翻飞"，似乎不能用《现代汉语词典》所列的两个义项来解释，因为旗子既不是"忽上忽下来回地飞"，也不是"自上而下地翻动或飘动"。例3中的"翻飞"似乎也不能用《现代汉语词典》所列的两个义项来解释，因为弹琴时手指的"翻飞"少不了左右的舞动。

显然,《现代汉语词典》对"翻飞"的解释是有问题的。我们认为,"翻飞"的"翻"义同"飞",《说文新附·羽部》:"翻,飞也。"三国魏曹丕《临高台》:"下有水,清且寒,中有黄鹄往且翻。"宋王安石《回文》诗之三:"迸月川鱼跃,开云岭鸟翻。"明徐渭《扇中双蝶》诗:"春至百花繁,名园蛱蝶翻。""翻"既然有飞的意思,故"翻飞"属于同义复词,当释为"飞舞;飘扬"。以此解释上举书证,皆顺畅妥帖,因而《现代汉语词典》有必要将"翻飞"的两个义项合并为一个。

【营造】 动①经营建筑:～住宅。②有计划、有目的地造:～防护林｜～气氛｜～优雅的居住环境。(《现代汉语词典》第1572页)

"营造"的释义让人禁不住生疑:营造防护林等是"有计划、有目的地造",难道营造住宅就不是"有计划、有目的地造"吗?

其实,"营造"是同义复词,"营"即造义。《广韵·清韵》:"营,造也。"《文选·扬雄〈羽猎赋〉》"禁御所营"李善注引应劭曰:"营,谓造作也。"唐封演《封氏闻见记·明堂》:"又于明堂之侧造天堂以俟佛像。大风摧倒,重营之。"《宋史·岳飞传》:"帝初为飞营第,飞辞曰:'敌未灭,何以家为?'"叶圣陶《倪焕之》二一:"说好久不见,颇想谈谈,并看看他的新营的巢窟。"这三则古今用例中的"营"显然都是营建、建造的意思。至于"营造"一词,《汉语大词典》义项①即以"建造"释之,所举例子有《晋书·五行志上》:"清扫所灾之处,不敢于此有所营造。"《通典·职官十五》:"大唐掌管河津、营造、桥梁、廨宇之事。"《明史·桑乔传》:"乔偕同官陈三事,略言营造两宫山陵,多侵冒。"郁达夫《感伤的行旅》(四):"高而不美的假山之类,不过尽了一点点缀的余功,并不足以语园林营造的匠心之所在的。"因此,"营造"的现代汉语词义完全可用"建造;创造"来概括,不必自相矛盾地设置两个义项。

【切近】动①贴近；靠近：远大的事业要从～处做起。②（情况）相近；接近：这样注解比较～原作之意。(《现代汉语词典》第1055页)

此释需要订补的地方有两处：一是"切近"的两个义项当合并；二是还可补充另一个义项。

先说第一处。首先，《现代汉语词典》把"远大的事业要从切近处做起"的"切近"视为动词，并释作"贴近；靠近"，既不妥帖，也不正确。这里的"切近"是同义复词，"切"就是近的意思。例句中的"切近处"就是近处的意思，"切近"为形容词。因而，义项①属于义例不合。其次，《现代汉语词典》既然认为义项①和义项②都是动词，那就完全可合并为一个义项"贴近；接近"。以此验诸现代汉语，完全符合语言事实，兹不赘述。

再说第二处。先看下面的例句：

1. 只是他的愿望切近，我的愿望茫远罢了。（鲁迅《呐喊·故乡》）

2. 深夜敲响的木鱼，是冷漠的繁华中擦出的火星。散在漫天的雨丝，忽而悠远，忽而切近，全不是庙堂里的一板一眼。（陈世旭《风雨南华寺》，《人民日报》2011年12月7日）

3. 于今重读鲁迅的文章，因人生阅历与世事的变化，反而变得分外切近、别有滋味。（梁君《思考鲁迅》，《人民日报》2011年11月9日）

4. 他不仅要让学生感受到语言文字之美妙，也要让他们感受到人和人心灵之切近。（于晓威《爱，让教育更完整》，《人民日报》2009年7月29日）

显然，这些句中的"切近"都是近的意思，属于形容词。因此，《现代汉语词典》宜补上此义项。

【臣服】〈书〉动①屈服称臣，接受统治。②以臣子的礼节侍奉（君主）。(《现代汉语词典》第159页)

从语词的使用环境来说，"臣服"的这两个义项带有鲜明的封建时代特点，与今天现代汉语传媒的使用实际不相符合，请看下面这些例子：

1. 出于对职工带薪休假这一规定的天然排斥，很多公司、单位、机构都通过各种方式，打压员工带薪休假的积极性，让职工在《职工带薪年休假条例》面前臣服于公司的"一家之言"。(郭嘉《带薪休假，何时不再"雾里看花"》，《人民日报》2012年5月2日)

2. 个性打压虽能让绝大多数人臣服，但总有极个别富有独立自主精神的人，萌发出自由性格的嫩芽，尽可能在现实夹缝中，为自己争取一缕个性的阳光，为自己创造"质疑舞台"。(耿银平《将质疑权话语权还给孩子》，《人民日报海外版》2012年4月21日)

3. 长时间以来，在人们的普遍认识中，重文学以为是庙堂社稷，轻新闻视之若浮云神马，从来都是新闻臣服于文学之下，从未听说过文学要向新闻学习什么。(韩小蕙《在文学的门里和门外》，《人民日报海外版》2011年10月11日)

显然，以上例句中"臣服"的意思都跟"称臣"、"以臣子的礼节侍奉"等无关。那么，该怎样正确理解现代汉语中的"臣服"之义呢？

这得从"臣"的古义说起。《说文解字·臣部》："臣，牵也，事君也。象屈服之形。凡臣之属皆从臣。"《战国策·秦策四》"而欲以力臣天下之主"高诱注："臣，服也。"《大戴礼记·小辨》"诸侯初入而后臣之"王聘珍解诂："臣者，臣服之也。"可见，"臣服"之"臣"即为"服"义，"臣服"乃同义复词，当释为"屈服；服从"。以此验诸现代汉语带有"臣服"的书证，莫不怡然理顺。

因此,《现代汉语词典》"臣服"条的两个义项当删改为"屈服;服从"。

【追认】动①事后认可某项法令、决议等。②批准某人生前提出的参加党、团组织的要求或追授某种荣誉称号。(《现代汉语词典》第1715页)

《现代汉语词典》的这两个义项,似乎难以解释下列书证:

1. 一个带有自家姓氏的文字被书写成甲骨文印在茶具上,放在家里,更像是对家族远古血缘的追认。(康岩、吴扬《把"甲骨文"带回家》,《人民日报》2016年8月4日)

2. 虽然真正的共产党人不会自我扩张,更不会为自己打造虚饰的光环,但正义与真理的光辉,本来是孪生兄弟,往往会对历史进行隆重的追认。(石英《谒杨靖宇烈士塑像》,《人民日报海外版》2005年6月27日)

3. 不想追认前尘往事,再往上追溯,他就越发狠劲——突然,门外一声叱喝:"干什么?"人声聚拢:"抹脖子啦!寻死啦!"(李碧华《霸王别姬》)

因为根据词典的解释,"追认"应该跟法令、决议、要求、称号等相关,而上述三个例句似与这些没有关涉。究其因,是词典"追认"的两个义项过于具体琐细,缺乏概括性所致。

我们认为,"追认"的"追"是补、补救的意思。《玉篇·辵部》:"追,救也。"《论语·微子》:"往者不可谏,来者犹可追。"邢昺疏:"自今已来,犹可追而自止。"而"认"是认可、认定之义。"追认"可以释为"事后追补认可",即将原有的两个义项合并成一个。如此,现代汉语交际中出现的"追认",都能顺畅地得以解释。

【称说】动①说话的时候叫出事物的名称：他～着这些产品，如数家珍。②说；述说：群众无不～这是利国利民的好政策。(《现代汉语词典》第163页)

从传统训诂的角度来看，"称"有说的意思。《吕氏春秋·当染》："举天下之显荣者，必称此二士也。"高诱注："称，说也。"《史记·屈原贾生列传》："上称帝喾，下道齐桓，中述汤武，以刺世事。"文中"称"与表示说义的"道"、"述"相对为文，显然是说、述说的意思。此义一直沿用至今，连《现代汉语词典》"称"字义项③也释曰："说：～快｜～便｜连声～好。""称"既有说义，故能跟"说"组成同义复词"称说"，表示说、述说。

以此检视《现代汉语词典》"称说"的第①义项，明显感到累赘而不必要，其书证"他称说着这些产品，如数家珍"，完全可用义项②的"说；述说"来解释。因此，《现代汉语词典》"称说"的第①义项应当删去。

【恐怕】①动害怕；担心：他～把事情闹僵，所以做出了让步。②副表示估计兼担心：～他不会同意｜这样做，效果～不好。③副表示估计、推测：他走了～有二十天了。(《现代汉语词典》第748页)

细加研读，可以发现义项②和义项③的释义和例子都非常相近。从释义来说，两者都是表示估计、推测，虽然义项②有"兼担心"的表述，但实际上是不成立的，这是由副词的词性所决定的。从例子来说，所举的三个例子虽然分属于两个义项，但实际上可以归于一类，都是副词，表示估计、推测。因此，"恐怕"的义项②和义项③应当合二为一，即"副词，表示估计、推测"。

【契合】①动符合：扮演屈原的那个演员，无论是表情还是服装都

很~屈原的身份。② 形 合得来；意气相投：他俩说话投机，感情~。（《现代汉语词典》第 1035 页）

要准确解释"契合"一词，应从"契"的意义说起。"契"的本义为占卜时用刀刻写文字，古代符节、凭证、字据等信物用竹木做成，分为左右两半，刻齿其旁，以便合齿验证，因而书契、兵符、债券等皆可称为"契"。由此引申出结盟、盟约之义，又从契约的合齿引申出符合、投合的意思。《文选·陆机〈汉高祖功臣颂〉》："灼灼淮阴，灵武冠世，策出无方，思入神契。"吕向注："契，合也。"下面四个例句中的"契"也都是符合、投合义。三国魏曹植《玄畅赋》："上同契于稷卨，降合颖于伊望。"南朝梁简文帝《南郊颂》："臣闻惟天为大，圣人敬其德，知几其神，至人契其道。"宋苏轼《上神宗皇帝书》："以先主君臣之契，尚复虑此，而况其他乎！"《警世通言·宋小官团圆破毡笠》："那刘有才是宋敦最契之友。"

显然，具有共同意义的"契"、"合"两个语素组合在一起后，就构成了同义复词"契合"。

《现代汉语词典》"契合"义项②所举的"感情契合"的"契合"，细加斟酌，应是动词而非形容词，意思是投合。因此，我们认为这两个义项应该合并为一个，即" 动 符合；投合"。

第四章

训诂学与现代汉语辞书的例证

语文辞书的例证是建立词目、确立义项、解释词义的依据,它能体现源流、启示用法、提供知识,帮助读者正确理解和掌握词义,是语文辞书微观信息不可或缺的一部分。因此,选择充足、贴切、与词义密合一致的例证就显得非常重要。否则,例证就会失去证成词义的价值,出现诸如义证不一、义例乖违等问题。

第一节　现代汉语辞书的词例问题

词例是指辞书中的例子,是语文辞书释义中不可或缺的组成部分。它不仅能证明词义和义项,还能说明用法和源流,从而帮助读者正确理解词义。就《现代汉语词典》(第7版)的词例来说,目前仍存在一些值得改进的地方。

一、词例不够充足

【安逸】 形 安闲舒适:老人晚年在乡下过着～的生活。(《现代汉语词典》第8页)

"安逸"跟"安闲"、"安详"的意思相近。在《现代汉语词典》中,"安闲"设有"神态安闲"、"安闲自在"、"他忙里忙外,一日不得安闲"

等三个词例，表明形容词"安闲"既可作谓语、宾语，也可跟别的词构成并列短语；"安详"设有"面容安详"、"举止安详"、"老人安详地坐在靠椅里"等三个词例，表明形容词"安详"既可作谓语，也可作状语，即便是作谓语，也有形容形象和形容行为等不同用法。通过不同语法搭配下的词例，丰富多样地反映了"安闲"、"安详"的语用环境，给读者提供了使用参考。

反观"安逸"一词，词例只有一个，是它本身仅能作定语成分使用吗？其实不然，"安逸"构成的短语在生活中运用广泛，如"贪图安逸"的"安逸"作宾语，"生活安逸"的"安逸"作谓语，"舒适安逸"的"安逸"可以跟别的词构成并列短语。因此，"安逸"条目下应补充词例"贪图安逸"、"舒适安逸"，以丰富"安逸"一词的使用语境，使前后意义相近词的词例相互照应，凸显词典的严密性。

【免除】 动 免去；除掉：兴修水利，～水旱灾害。（《现代汉语词典》第 902 页）

"免除"条目仅有词例"免除水旱灾害"，似乎其搭配对象较为单一。其实，"免除"的对象是非常丰富的，可以是具体事物，如"职务"、"学费"等，也可以是抽象的"烦恼"等。因而《现代汉语词典》"免除"下宜增加"免除烦恼"、"免除职务"等词例，以丰富"免除"的搭配对象。

【疲惫】 形 非常疲乏：～不堪。（《现代汉语词典》第 993 页）

与"疲惫"意义相近的"疲顿"条目下有词例"疲顿不堪"，显然，"疲惫"和"疲顿"的词例是完全重复的。难道是因为"疲惫"只能与"不堪"连用，无法举出其他相关的词例吗？当然不是。"疲惫"在日常生活中运用广泛，还可以用作定语，如"疲惫的身体"、"疲惫的心灵"

等。因此,《现代汉语词典》"疲惫"下宜增加词例"疲惫的心灵"。

【国情】名 一个国家的社会性质、政治、经济、文化等方面的基本情况和特点,也特指一个国家某一时期的基本情况和特点:适合～|熟悉～。(《现代汉语词典》第498页)

"国情"条目下词例分别为"适合国情"和"熟悉国情",都是动宾结构短语。那么"国情"只能在此结构中使用吗?当然不是,"国情"还有其他的搭配结构,如"国情各异"、"最基本的国情"等。因此,《现代汉语词典》"国情"条目下可删去"熟悉国情",增加"国情各异",以体现语词适用的不同语境。

【爆发】动①火山内部的岩浆突然冲破地壳,向四外迸出:火山～。②突然发作;(事变)突然发生:～革命|～战争(《现代汉语词典》第52页)

"爆发"除了表示"(事变)突然发生"之外,也可以用于形容人的力量、情绪、动作等的突然发作和发生,如"爆发力"、"爆发掌声"、"情感爆发"等。《现代汉语词典》义项②所列举的两个词例都是关于"(事变)突然发生"的,缺少"突然发作"意义的词例,因而宜增补词例"爆发掌声"、"情感爆发",以说明"爆发"一词在实际运用中可跟不同的对象进行搭配。

【否决】动 否定(议案):提案被～了。(《现代汉语词典》第397页)

"否决"条目下仅有"提案被否决了"一个词例,容易使读者产生"否决"只能使用在被动语态中的错觉。其实,"否决"也适用于主动语态,如"否决提案"、"他否决了会议的决定"等。因此,《现代汉语词典》"否决"下宜增补词例"他否决了会议的决定",以此体现"否决"在主动语态中的使用情况,完善词例的语态运用。

【攻击】 动 ①进攻:发动～｜～敌人阵地。②恶意指责:进行人身～。(《现代汉语词典》第455页)

义项①的词例既有"攻击"作及物动词带宾语的"攻击敌人阵地",又有"攻击"作宾语的"发动攻击",体现了词例搭配关系的丰富性和典型性。但很遗憾,义项②"恶意指责"下仅有"攻击"作宾语的词例,易使读者产生困惑,以为表示"恶意指责"的"攻击"只能作宾语,没有作为及物动词的用法。事实不是这样的,如"议员们攻击了这项议案",显然就是一个动词谓语句,主事者"议员们"作主语,通过动词"攻击"和宾语"议案"联系,符合"及物动词在主事主语句中带宾语"的结构,类似的例句还有"他攻击过他们的队长"、"他攻击我说话不算数"等。因此,《现代汉语词典》"攻击"义项②宜增补词例"议员们攻击了这项议案",以明确"攻击"的"恶意指责"义的具体使用语境。

【鼓动】 动 ①扇动:小鸟～翅膀。②用语言、文字等激发人们的情绪,使他们行动起来:宣传～｜经他一～,不少人都去学习电脑了。(《现代汉语词典》第469页)

义项①的词例"小鸟鼓动翅膀",体现了及物动词"主语搭配动词搭配宾语"的典型用法,而义项②的两个词例则看不出"鼓动"能否作及物动词使用。请看例句"他正在极力鼓动着人们",显然,这是一个动词谓语句,主事者"他"作主语,通过动词"鼓动"和宾语"人们"联系,符合"及物动词在主事主语句中带宾语"的结构,类似的例句还有"他鼓动我明天去承德"、"示威学生鼓动市民"等。因此,《现代汉语词典》"鼓动"义项②宜增加词例"他正在极力鼓动着人们",以体现"鼓动"作及物动词使用的具体语境。

【判决】 动 ①法院对审理结束的案件做出处理决定：～书。②判断,决定：比赛中队员要服从裁判的～。(《现代汉语词典》第977页)

"判决"义项①仅有词例"判决书",读者很难判断这个意义的"判决"能否作及物动词使用。请看例句"法院判决了这个案子",这显然是一个动词谓语句,主事者"法院"作主语,通过动词"判决"和宾语"这个案子"联系,符合"及物动词在主事主语句中带宾语"的结构。类似的例句还有"检察官第二次判决这种案子了"、"法院判决了这个特大诈骗案"等。因此,《现代汉语词典》宜在"判决"义项①增加词例"法院判决了这个案子"。

二、词例不够贴切

【变易】 动 改变；变化：～服饰。(《现代汉语词典》第81页)

虽然从词例的完整性来看,"变易服饰"这一词例并不存在问题,但它在当代的使用频率很低,也就是说在实际生活中,读者不太会使用这样的词例,说明该词例的实际效用不高。在日常生活中,"变易风俗"、"几经变易"、"词序变易"等说法倒更常见。因此,《现代汉语词典》宜将"变易"的词例改换为"变易风俗"、"词序变易",既贴近生活,又能充分说明"变易"的使用搭配。

【表述】 动 说明；述说：～己见。(《现代汉语词典》第87页)

"表述己见"这一词例在日常生活中的使用频率不高,且"己见"

常用于"各抒己见",因而"表述己见"这一词例不够典型。我们认为,《现代汉语词典》"表述"的词例可以改为"表述观点"和"语言表述",以给读者提供正确使用"表述"一词的合适参考用例。

【上等】形 属性词。等级高的;质量高的:～货｜～衣料。(《现代汉语词典》第1144页)

"上等货"和"上等衣料"两个词例似乎都是用来说明"质量高的",而且两者为属种关系,即"上等衣料"包含在"上等货"中,这就存在一定的词例重复,反而"等级高的"意义缺少词例体现。我们认为,"上等"一词在现实生活中使用广泛,还可以用来形容"成绩、地位、水平"等,故《现代汉语词典》"上等"条目下的词例"上等货"不妨改换成"上等水平",以丰富"上等"的形容对象。

【股市】名 ①买卖股票的市场:香港～。②指股票的行市:～暴跌。(《现代汉语词典》第467页)

义项①用"香港股市"作为词例缺乏代表性,因为香港股市仅仅表现一种市场类别,其使用范围和代表性远不及"欧洲股市"、"亚太股市"等。我们认为,《现代汉语词典》"股市"义项①的词例"香港股市"可以替换成"股市行情",以增加词例的代表性和贴切性。

三、词例缺少照应

【头绪】名 复杂纷乱的事情中的条理:茫无～｜理不出个～。(《现代汉语词典》第1320页)

"头绪"条目下的词例"茫无头绪"跟"端绪"条目下的词例"几

个人商量了半天,仍然毫无端绪"意义重复,容易让读者误以为"端绪"和"头绪"作为近义词在任何语境下都可替换。实际上,从使用范围来说,"头绪"使用更广泛,常作"摸不着头绪"、"理清头绪"等;而"端绪"就没有"理不出个端绪"这样的用法,其使用范围也没有"头绪"广,在书面语里使用较多。因此,《现代汉语词典》宜删去"头绪"条目下的"茫无头绪",区别"端绪"和"头绪"不同的使用语境,帮助读者避免混淆两者的用法。

【过于】副 表示程度或数量过分;太:～劳累｜～迁就｜～乐观｜～繁复。(《现代汉语词典》第 504 页)

"过于"条目下列有四个词例,其中"过于劳累"、"过于乐观"的"劳累"和"乐观"都是形容人状态的形容词,"过于繁复"的"繁复"是形容工作、任务等的形容词,而"过于迁就"的"迁就"是动词。显然,"过于劳累"、"过于乐观"属于词性重复、对象类似的词例,《现代汉语词典》宜删去其中一个。这样,既可以体现"过于"的三个不同语法特性,又凸显了词例的简洁性特点。

【目睹】动 亲眼看到:耳闻～。(《现代汉语词典》第 928 页)

用"耳闻目睹"作"目睹"的词例,不是很妥帖。因为成语"耳闻目睹"通常理解为"亲耳听见,亲眼看见"[①],较难看出"目睹"使用上的特点。另外,跟"目睹"同义的"目见"条目下的词例是"耳闻不如目见",两者的词例非常相似,有重复之嫌。其实,"目睹"的词例有"争相目睹"、"目睹母校的巨大发展"等。因此,《现代汉语词典》"目睹"的词例"耳闻目睹"宜删改为"争相目睹",以避免同义词的词例

---

① 详见《现代汉语词典》第 346 页"耳闻目睹"条。

重复。

【柳暗花明】形容柳树成荫，繁花耀眼的美景。宋代陆游有"山重水复疑无路，柳暗花明又一村"的诗句，后来多用来比喻在困境中出现转机，看到希望。(《现代汉语词典》第839页)

释文中的引例来源于宋朝著名诗人陆游的《游山西村》。撰写者既没有明确说明诗歌的出处，其引例格式也与"曾经沧海"、"寸草春晖"、"更上一层楼"、"龙马精神"等词条释义所引诗歌的格式不同，造成了词典前后引例格式不一致，也使读者对诗歌的出处产生了困惑，难以从中获得具体的信息。因此，《现代汉语词典》"柳暗花明"的释义宜改为"形容柳树成荫，繁花耀眼的美景。语出宋陆游《游山西村》诗：'山重水复疑无路，柳暗花明又一村。'后来多用来比喻在困境中出现转机，看到希望"。

【发妻】指第一次娶的妻子（古诗"结发为夫妻"，结发指初成年）。(《现代汉语词典》第355至356页)

将"结发为夫妻"的出处用含混的"古诗"一语带过，既不便读者阅读，也不够确切，容易使人误以为"古诗"就是指《古诗十九首》。我们认为，《现代汉语词典》"发妻"的释义宜改为"指第一次娶的妻子。语出汉苏武《杂诗》：'结发为夫妻，恩爱两不疑。'结发指初成年"。

【古稀】名 指人七十岁（语本杜甫《曲江》诗"人生七十古来稀"）：年近～。(《现代汉语词典》第466页)

"古稀"一词出自唐代诗人杜甫的《曲江》诗，但引例格式却与同样出自诗歌的"翻云覆雨"、"寸草春晖"、"更上一层楼"等语词不同，不仅造成前后引例的不统一，而且读来也不顺畅。我们认为，《现代汉语词典》"古稀"的释义宜改为"指人七十岁。语出唐杜甫《曲江》诗：'酒债寻常行处有，人生七十古来稀。'"。

【山雨欲来风满楼】唐代许浑《咸阳城东楼》诗句，现多用来比喻冲突或战争爆发之前的紧张气氛。(《现代汉语词典》第1137页)

此条没有将完整的诗句录出，表述格式也与"翻云覆雨"、"寸草春晖"、"更上一层楼"等词条释义不同，造成词条释义前后格式不一致。我们认为，《现代汉语词典》"山雨欲来风满楼"的释义宜改为"语出唐许浑《咸阳城东楼》诗：'溪云初起日沉阁，山雨欲来风满楼。'现多用来比喻冲突或战争爆发之前的紧张气氛"。

第二节　现代汉语辞书的义例问题

这里说的义例，是指语文辞书的释义和例证。如果说释义是辞书的灵魂，那么例证就是辞书的血肉，两者互为依赖，相辅相成。义例一致，是语文辞书的基本要求。否则，就会出现释义无从借例证以证实，例证不得由释义而明了的问题，俗称"义例不合"。《现代汉语词典》(第7版)在这方面也存在一些需要改进的地方。由于篇幅、体例等因素的影响，该词典的例证多为篇幅精短的引例和自撰例，因而下文以"词例"代替"例证"。

一、释义跟词例不相一致

【和蔼】形 态度温和，容易接近：～可亲｜慈祥～的笑容。(《现代汉语词典》第526页)

此释其实是例词"和蔼可亲"的释义。换言之,"和蔼"的释义应将"容易接近"一语删去。

翻检字典可知,"和"与"蔼"都有"温和,和善"义,"和蔼"应为同义复词,表示态度温和,待人和气。至于"和蔼可亲",除了表示态度温和外,还有让人容易接近的意思。显然,《现代汉语词典》错把"和蔼"释作了"和蔼可亲",当修订。

【横】……②不吉利的;意外的:~事|~祸。(《现代汉语词典》第 537 页)

"横"古有"意外,突然"之义,不少文献用例可予以证明,《淮南子·诠言训》:"内修极而横祸至者,皆天也,非人也。"三国魏曹操《与孙权书》:"赤壁之役,值有疾病,孤烧船自退,横使周瑜虚获此名。"南朝宋刘义庆《世说新语·雅量》:"周仲智饮酒醉,瞋目还面,谓伯仁曰:'君才不如弟,而横得重名。'"《儒林外史》第十九回:"二相公,你如今得了这一注横财,这就不要花费了,作些正经事。"但根本找不到"横"作"不吉利"解的例子。

《现代汉语词典》在"横"字下收有"横财"、"横祸"、"横死"等词,分别释为"意外得来的钱财"、"意外的祸患"、"指因自杀、被害或意外事故而死亡",都以"意外"来解释其中的"横"字。对于例词"横事",《现代汉语词典》释为"凶事;横祸",但其实这个"横"也是意外的意思,《汉语大词典》即将"横事"释为"意外的事故或灾祸"。

因此,《现代汉语词典》"横"字第②义项"不吉利的"部分应删去,保留"意外的"一语即可。

【都】……②大城市,也指以盛产某种东西而闻名的城市:~市|通~大邑|瓷~|煤~。③……(《现代汉语词典》第 319 页)

前文"都市"条的考证中,我们详尽论证了"都"是城市的意思,

"都市"属于同义复词，也是城市的意思。据此，"都"义项②"大城市"的"大"字应该删去，以便跟后面所举词例相一致。

【由】……④ 介 表示经由：～南门入场。(《现代汉语词典》第1583页)

我们在"经由"一词的考释中已经明确指出，"经由"是经过的意思，属于动词。而《现代汉语词典》此处的释义和词性的标示存在矛盾：既谓介词，何来"表示经由"？我们认为，宜将释义改为"引进动作经过的路线或场所，相当于'从'"。

二、词例与释义缺少对应

【闪】① 动 闪避：～开｜～道｜～过去｜～在树后。……(《现代汉语词典》第1138页)

前文我们已经论述了"闪避"的"闪"与"避"同义，是躲避的意思，"闪避"为同义复词，应释为"躲避；避开"。并且认为"闪"的第①义项应当改用通俗明白的释义"躲避；避开"。此处，我们指出其第二个例证"闪道"当删，因为现代汉语几乎不用此词，"古今兼收，源流并重"的《汉语大词典》也只举有老舍《宝船》第二幕的一个书证："闪道！闪道！大宰相过来喽！"从现代汉语规范角度出发，例词"闪道"也以不用为好。

【备】……⑥〈书〉 副 表示完全：艰苦～尝｜关怀～至｜～受欢迎。……(《现代汉语词典》第56页)

"关怀备至"的"备"义同"至"，是周备、周至、周到之义，"备至"是同义复词,乃周到、周备之义,详见本书"备至"条。如此,词例"关怀备至"与"备"字第⑥义项"表示完全"不相吻合,应当删去。

【切近】动①贴近;靠近:远大的事业要从～处做起。②(情况)相近;接近:这样注解比较～原作之意。(《现代汉语词典》第1055页)

诚如义项①所释,"切近"固然有动词"贴近;靠近"之义,如"切近实际需要"中的"切近"。但《现代汉语词典》所举书证"远大的事业要从切近处做起"的"切近",应是近的意思,属于形容词而非动词。可见,义项①的释义和书证不相吻合。

《广雅·释诂三》:"切,近也。"《大戴礼记·保傅》:"习与智长,故切而不攘。"王聘珍解诂:"切,谓切近。"正因为"切"有近之义,所以能跟"近"组成同义复词"切近"。《现代汉语词典》例句中的"切近处"就是近处的意思,"切近"为形容词"近"之义。因此,《现代汉语词典》"切近"义项①当删去。

【表现】动①表示出来:他的优点～在许多方面｜他在工作中的～很好。②故意显示自己(含贬义):此人一贯爱～,好出风头。(《现代汉语词典》第87页)

《现代汉语词典》将"表现"一词释为动词,但义项①"表示出来"后所列举的第二个例句"他在工作中的表现很好",细加推敲,觉得此"表现"应是名词。如此,则出现了义例不一致的情况。因此,《现代汉语词典》应将该例句删去。至于"表现"名词用法的增补,详参本书第三章。

【反】……④动反抗;反对:～霸｜～封建｜～腐倡廉｜～法西

斯。⑤动背叛：～叛｜官逼民～。……（《现代汉语词典》第 360 页）

"反"的第⑤个义项"背叛"下举有"官逼民反"一例，这不恰当。

"反"本义为"覆"，《说文·又部》："反，覆也。"由此本义可以引申出回来、相反、背叛、反抗、反省等意义。"背叛"和"反抗"不同，从词的感情色彩上看，"背叛"表示"放弃了原来的立场，走向对立面"，多用于贬义；"反抗"表示不能忍受压迫而奋力抗击，多用于褒义。从下面的例子即可看出：

1. 以战止战、以武止戈，这是中华民族"不畏强暴、反抗强权的民族风骨"。（刘静媛《弥足珍贵的精神财富》，《人民日报》2021 年 2 月 9 日）

2. 中国共产党人不畏强暴、坚持革命，冲破白色恐怖，打响了武装反抗国民党反动派的第一枪！（武卫政等《南京起义：石破天惊第一枪》，《人民日报》2021 年 1 月 21 日）

3. 当时，大革命正如火如荼，国民党反动派却背叛革命、背叛人民，向中国共产党人和革命群众举起血腥的屠刀。（刘毅《赓续传承斗争精神》，《人民日报》2021 年 3 月 24 日）

4. 没有一个国家会允许包括议员在内的公职人员违背誓言、背叛国家。（曲颂等《维护香港长期繁荣稳定的必由之路》，《人民日报》2021 年 3 月 10 日）

"官逼民反"一词体现出"官"的残暴和"民"的抗争，如果把"反"理解为背叛，显然是敌我不分，立场出了问题。当代一些语文辞书的解释也为我们的观点提供了依据，《汉语大词典》对此条的解释是："官府压迫人民，迫使人民起来反抗。"《现代汉语规范词典》的解释是："统治者残酷压榨人民，使人民走投无路而奋起反抗。"因此，词例"官逼民反"应移至"反"的第④个义项"反抗；反对"之下，使释义和例子相一致。

【浼】〈书〉①污染。②请托：央～。(《现代汉语词典》第889页)

词典"浼"的义项②举"央浼"为例子，但"央浼"是什么意思呢？《现代汉语词典》第1514页"央"字下只收释央告、央行、央求、央托四个词语，并未收释"央浼"，以致读者难以弄清"央浼"的词义，更不便使用。

【苦】……④苦于：～旱｜～夏。(《现代汉语词典》第753页)

此释似乎将"苦旱"的"苦"理解成了"苦于"，即"对于某种情况感到苦恼"，侧重在人的主观感受，这不符合现代汉语实际。请看：

1. 许多村屯水井全部干枯，村民们只能到离村几公里外的水源地排队拉水，甚至买水，不少村民不堪苦旱举家外出打工。（罗兆军、刁建新《清泉浇开幸福花》，《中国水利报》2002年8月22日）
2. 对于辽西人而言，水实在太珍贵了。许多群众苦旱之下，一盆洗脸水也要循环使用多次：洗脸不能用肥皂，孩子洗完父母洗，然后再用草木灰过滤，下次再用，实在不能用了再喂猪。（丁春凌、罗兆军《辽宁农民：从"有水喝"到"喝好水"》，《中国水利报》2007年2月13日）
3. 短短几年，环县这个昔日的苦旱之地，已悄然变身成粮仓，一度沉寂的畜牧业以新的方式走向崛起。（朱先春《突围十年九旱，告别望天吃饭》，《农民日报》2010年9月10日）

例1的"苦旱"为"不堪"的宾语，显然不能理解为"苦于干旱"，例2、例3的"苦旱"分别是"之下"、"之地"的修饰语，若理解为"苦于干旱"，句子搭配就不合理，表述也不通畅。

那么,"苦旱"的"苦"该怎样理解呢?我们认为,应是极、很、非常的意思,为程度副词。自古及今,这样的用例不胜枚举,三国魏曹丕《善哉行》之一:"上山采薇,薄暮苦饥。"唐韩愈《赠崔立之评事》:"崔侯文章苦捷敏,高浪驾天输不尽。"清高鹗《题竹雪撷芳诗卷》:"知君苦忆红梅树,读到梅花意也亲。"《花城》1981年第6期:"她跟陶一川的苦恋,我也从她那儿听说了。"《现代汉语词典》收有"苦寒"一词,其义项①释为"极端寒冷;严寒",显然也是将"苦"理解为极、很之义的。

因此,"苦旱"是"极端干旱"的意思,与《现代汉语词典》"苦"之义项④"苦于"不相匹配,应当删去。

第五章

语文辞书的训诂义和辞书义

第一节 区分训诂释义和辞书释义

训诂释义与辞书释义既有联系，又有区别。训诂释义是揭示字、词在一定语境中的具体意义，辞书释义是对字义、词义进行概括。辞书释义要在已有训诂成果的基础上进行，但对训诂释义不能照搬照抄，以免出现主观随意、以偏概全等问题。

一、训诂释义和辞书释义的目的

训诂释义主要是对传统文献中字、词意义的训释，非常注重词语在具体语句、段落、章节中的解释，注重对作者、文本及特定体裁的用词特点和规律的注释，是注释者语文经验的集中体现。尽管注释者力求释义跟语词固有意义的最大契合，但受注释者个人文化、注疏意图等诸多因素的影响，其释义往往带有主观性。因而传承至今的训诂成果，其文义训释大多属于语境义，具有临时性的特点，概括性较为缺乏。

建立在传统训诂释义之上的辞书释义是脱离了具体语言环境的一种词义训释。辞书编纂者通过对训诂材料的分析研究，提取其中相同、相近或相似的语义特征，剔除其中似是而非乃至错误的东西，参照古今汉语的各类语料，查核其使用频率，运用分类、归纳、概括等方法，确定具体的义项及本义、引申义、假借义的排序。

二、训诂释义和辞书释义的特点

训诂释义源自古书注释,其目的是揭示字、词在一定语境中的具体意义。这些训诂释义多为随文注释的产物,以解释言语意义为目的,因此它们不但紧紧依附语境,而且由于训释意图的不同,训释方法的多样,往往歧义纷呈,让人无所适从,难以择取,更不用说其中还夹杂着个别错误或矛盾的训释。因而训诂释义只能起参考和旁证作用,如果不加分析整理地照搬训诂释义,语文辞书的释义和义项不仅会庞杂无序,而且容易出现错误,影响辞书质量。

现代语文辞书往往通过字、词的义项设置来揭示其词义演变的规律,通过概括、完备的义项罗列,呈现词义的发展脉络,把握词义的内部发展规律。由于古代训诂资料浩如烟海,因而今天的辞书编纂在充分利用已有训诂成果时,对于古代众多的训诂释义,一定要进行分析、归类、整理,在严格提炼取舍的基础上,通过科学的排列来反映字词意义的历史发展轨迹。

三、训诂释义和辞书释义的作用

古代留存下来的大量训诂资料可供今人研读古典文献作重要参考,也是今天编纂语文辞书不可或缺的宝贵资料。在语文辞书编纂过程中,适当引用训诂释义,如古代注疏等,能够说明对该词语的理解古今一致,证成义项的成立,提高语文辞书的权威性。

辞书释义跟训诂释义存在许多不同的地方。训诂释义多为随文释义,解释的往往是字词的具体意义,辞书释义则需对字词意义进行历时和共时的概括,从而提炼出一般意义。训诂释义是单一的,解释的是词语在具体语境中的意思,辞书释义是全面的,解释的是词语在历史上曾经出现过的意义。对于那些多义词,则要弄清各义项的关系并予以正确排列,以清晰显示词语的历史发展面貌。

第二节　鉴别取舍训诂释义

传统训诂成果为当今语文辞书的编纂提供了丰富的、可资参考利用的材料，尤其是语文辞书的释义，更需要在已有训诂释义的基础上进行。但在使用训诂释义的时候，我们应该注意下列问题。

一、避免随文释义

古书训诂资料往往随文注释，又很简要，所以容易造成歧义，我们在运用时要注意细加分辨，引用切合确当的资料。

【经年累月】经历很多年月，形容时间很长：他是个海员，～在海上。(《现代汉语词典》第686页)

《现代汉语词典》显然将"经年累月"的"经"理解成了动词经历的意思。尽管这样解释也有训诂材料作支撑，似无不可。《楚辞·招魂》："经堂入奥，朱尘筵些。"蒋骥注："经，历也。"《小尔雅·广诂》："经，过也。"《孟子·尽心下》："经德不回，非以干禄也。"赵岐注："经，行也。"《淮南子·原道训》："经纪山川，蹈腾昆仑。"高诱注："经，行也。"但如验诸"经年累月"这个结构严整的成语，则明显不妥。"经年"和"累月"都是偏正关系，两者相对为文，可知"年"、"月"意思相近，都是名词；"经"、"累"意思相近，都是形容词。显然，"经年累月"的"经"不可能是动词经历的意思。

从"常年累月"、"长年累月"、"连年累月"等结构相似成语可以看出，"经"应该是常、连续的意思。这确实有训诂材料为证，如《左传·宣公十二年》："昔岁入陈，今兹入郑，民不罢劳，君无怨讟，政有经矣。"杜预注："经，常也。"《玉篇·糸部》："经，常也。"《文选·嵇康〈与山巨源绝交书〉》："然经怪此意尚未熟悉于足下，何从便得之也。"李善注:"言常怪足下何从而便得吾之此意也。"但仔细分析这三则书证,发现杜预注的"经,常也"指的是常道,《玉篇·糸部》的"经,常也"指的也是常道、常法,因为其完整的文字为"经,古丁切,常也。经纬以成缯帛也。法也。义也"。可见,这两则训诂材料只能证明"经"有名词常道、常法的用法。只有李善注的"常怪"对应嵇康文"经怪",才能用来证明"经"有副词常、经常、连续的意思。

【卧病】 动 因病躺下:～在床。(《现代汉语词典》第 1378 页)

《现代汉语词典》似乎用今天"卧"的常用义躺卧、躺下来理解"卧病"的"卧"。虽然这也有训诂资料作支撑,《说文·卧部》:"卧,伏也。"《荀子·解蔽》:"心卧则梦,偷则自行,使之则谋,故心未尝不动也。"杨倞注:"卧,寝也。"《广韵·过韵》:"卧,寝也。"但在实际生活中,我们要表示生病躺在床上,通常说"卧床"或"卧病在床",可见"卧病"的解释不是很确切。

我们知道,卧的本义是俯伏、趴伏,从而可引申出休养、休息之义。《玉篇》:"卧,息也。"《文选·谢灵运〈斋中读书〉》:"卧疾丰暇豫,翰墨时间作。"吕延济注:"卧疾,养疾也。"卧病"义同"卧疾",根据吕延济的注解,我们应当将"卧病"解释为"养病"。如此,既有训诂资料作依据,又合乎"卧病"的使用语境。

二、避免断章取义

语文辞书的释义离不开可靠的书证,书证是语文辞书的重要组成部分。为了证成词义,语文辞书通常需要从浩瀚的文献中择取合适的文献用例,包括古人的注疏。对于这些文献用例和注疏的引用,既不宜过于烦琐,也不能过于简略或断章取义,轻易删去引例的文字或文句,有时会导致错误,损害辞书的科学性。

【谩 mán】①欺骗；蒙蔽。……②抵赖。《史记·孝文本纪》："民或祝诅上以相约结而后相谩，吏以为大逆，其有他言，而吏又以为诽谤。"司马贞索隐引韦昭曰："谩，相抵谰也。"……（《汉语大词典》11/401）

【谩 mán】①欺骗。……又抵赖。《史记·孝文本纪》："民或祝诅上以相约结而后相谩。"司马贞索隐引韦昭云："谩，相抵谰也。"……（《汉语大字典》第 4276 页）

由上例可以看出，当今最权威的两部工具书都认为"谩"有抵赖义，证据是来自《史记·孝文本纪》的书证及司马贞索隐所引的韦昭注。

其实，"谩"根本没有抵赖的意思。请看司马贞索隐所引的韦昭注全文："韦昭云：'谩，相抵谰也。'《说文》云：'谩，欺也。'谓初相约共行祝，后相欺诳，中道而止之也。"显然，司马贞引韦昭注和《说文》，是想说明"而后相谩"的"谩"是欺诳、欺骗的意思，而两部大型工具书的释义却断章取义，错误地认为韦昭所说的"抵谰"就是抵赖。

为何"抵谰"不是抵赖义，而是欺骗的意思呢？先说"抵"。"抵"古有欺骗义。《资治通鉴·汉光武帝建武十五年》："帝诘吏由趣，吏不肯服，抵言于长寿街上得之。"胡三省注曰："抵，欺也。""抵"和"欺"常组成同义复词，如宋苏辙《论冬温无冰札子》："孙述知长垣县，决杀诉灾无罪之人，台官有言，然后罢任。虽行推勘，而纵其抵欺，指望恩赦。"另外，表欺骗义的"抵"的本字似应作"诋"。朱骏声《说文通训定声》："抵，假借为诋。"再说"谰"。《说文解字·言部》："谰，抵谰也。""抵谰"即"诋谰"。《集韵·谰》："诋谰，诬言也。"《汉书·谷永传》："欲末杀灾异，满谰诬天。"颜师古注："满谰谓欺罔也。"王先谦补注："沈钦韩曰：满义同谩。《说文》：'谰，抵谰也。'"可见，"满谰"即"谩谰"，是同义复词，"谰"也有欺骗义。所以，"抵谰"、"诋谰"皆为同义复词，义为欺骗。

再回到《史记·孝文本纪》"民或祝诅上以相约结而后相谩"这句

话,《汉书·文帝纪》也载有此句,颜师古注曰:"谩,欺也。初为要约,共行祝诅,后相欺诳,中道而止,无实事也。"颜师古在注中明确指出了"谩"的欺诳义,可为有力的旁证。

【遑】……③何,怎能。常用于反问句中。……《诗·邶风·谷风》:"我躬不阅,遑恤我后?"郑玄笺:"我身尚不能自容,何暇忧我后所生子孙也。'"……(《汉语大字典》第4115页)

【遑】……③何暇,怎能。常用于反问句。《诗·邶风·谷风》:"我躬不阅,遑恤我后?"郑玄笺:"我身尚不能自容,何暇忧我后所生子孙也。"……(《汉语大词典》10/1035)

两部语文辞书都认为《诗·邶风·谷风》"遑恤我后"的"遑"是"何,怎能"的意思,证据是郑笺。其实,只要将郑笺原文完整抄录下来,这种说法就会不攻自破。郑玄笺:"躬,身。遑,暇。恤,忧也。我身尚不能自容,何暇忧我后所生子孙也。"显然,郑玄是明确将"遑"解释为暇、闲暇的,并无"何,怎能"的注解,至于"何暇忧我后所生子孙也",则是对诗句的串讲,不能截取个别词语以作己用。我们认为,"遑恤我后"的"遑"是"不遑"的省言,即没有闲暇的意思。两部权威词典在使用郑笺时,都犯了断章取义的错误。

【斤】①古代砍物工具。一般用以砍木,与斧相似,比斧小而刃横。《说文·斤部》:'斤,斫木也。'段玉裁注:'凡用砍物者皆用斧;砍木之斧,则谓之斤。'……"(《汉语大字典》第2166页)

既然说"斤"是"古代砍物工具",那么"斤"字就应该是名词,但所引《说文》的解释,却是动词,二者显然不一致。查核原文,所引《说文·斤部》当为:"斤,斫木斧也。"《汉语大字典》断章取义,漏了一个"斧"字,意思就完全不一样了,也难以证成词义。

至于所引的段注,正确的文字应该是:"凡用斫物者皆曰斧。斫木之斧,则谓之斥。"也错用了"斫"、"曰"、"斫"三字。

三、避免文白夹杂

以今语释古语,以通用语释方言、口语,以易懂的词释难懂的词,是当代语文辞书必须遵循的释义原则。但在具体操作上,有的字典词典还时或存在着以文言释文言,语言半文不白、佶屈聱牙等问题。下面以《汉语大词典》为例试加举例说明。

【焚²】通"偾"。倒毙。参见"焚²身"。(《汉语大词典》7/87)

在现代汉语里,"倒毙"是倒在地上死去的意思,以此释"焚²",不够确切。"焚²"通"偾"之说来自古注。《左传·襄公二十四年》:"象有齿以焚其身,贿也。"杜预注:"焚,毙也。"陆德明《经典释文》:"服(虔)云:'焚,读曰偾。偾,僵也。'"显然,这里的"毙"、"僵"都是古语,用今天的话来说,就是"倒下"。因此,释文中的"倒毙"宜明确改为"倒下",以免读者产生误解。

【衙日】①衙参之日。唐韩愈《送侯喜》诗:"如今便别长官去,直到新年衙日来。"宋刘敞《檀州》诗:"市声衙日集,海盖午时消。"参见"衙参"。……(《汉语大词典》3/1047)

此释可谓以难释难,未能满足读者释疑袪惑的要求。虽然释义语有"参见'衙参'"之语,但不方便之处显而易见。下面试以现代汉语释之:旧时官吏进见上级,汇报并商议公事的日子。

【麤】①行超远。《说文·麤部》:"麤,行超远也。"段玉裁注:"三鹿齐跳,行超远之意。"……(《汉语大词典》12/1305)

此释照搬许慎和段玉裁的注解,不符合以现代语释文言词的要求,当改。《方言》卷七:"超,远也。""超远"即远、遥远之义,为同义复词。《楚辞·九歌·国殇》:"出不入兮往不反,平原忽兮路超远。"南朝江淹《侍始安王石头》诗:"平原忽超远,参差见南湘。"故此释拟改为"走得远"。

主要参考文献

1. 江蓝生等主编：《现代汉语词典》（第 7 版），北京：商务印书馆，2016 年。
2. 罗竹风主编：《汉语大词典》，上海：汉语大词典出版社，1986－1993 年。
3. 宗福邦、陈世铙、萧海波主编：《故训汇纂》，北京：商务印书馆，2003 年。
4. 王涛等编：《中国成语大辞典》，上海：上海辞书出版社，2004 年。
5. 刘洁修：《汉语成语源流大辞典》，北京：开明出版社，2009 年。
6. 徐中舒主编：《汉语大字典》（第 2 版），武汉：崇文书局，成都：四川辞书出版社，2010 年。
7. 吕叔湘：《汉语语法论文集》，北京：科学出版社，1955 年。
8. 王力：《汉语史稿》，北京：中华书局，1980 年。
9. 朱德熙：《现代汉语语法研究》，北京：商务印书馆，1980 年。
10. 胡明扬等编著：《词典学概论》，北京：中国人民大学出版社，1982 年。
11. 孙良明：《词义和释义》，武汉：湖北人民出版社，1982 年。
12. 周大璞：《训诂学要略》，武汉：湖北人民出版社，1984 年。
13. 蒋绍愚：《古汉语词汇纲要》，北京：北京大学出版社，1989 年。
14. 刘叔新：《汉语描写词汇学》，北京：商务印书馆，1990 年。
15. 柳士镇：《魏晋南北朝历史语法》，南京：南京大学出版社，1992 年。

16. 孙锡信：《汉语历史语法要略》，上海：复旦大学出版社，1992年。

17. 王力：《汉语词汇史》，北京：商务印书馆，1993年。

18. 符淮青：《词义的分析和描写》，北京：语文出版社，1996年。

19. 苏宝荣：《词义研究与辞书释义》，北京：商务印书馆，2000年。

20. 葛本仪：《现代汉语词汇学》，济南：山东人民出版社，2001年。

21. 黄建华：《词典论》，上海：上海辞书出版社，2001年。

22. 赵振铎：《字典论》，上海：上海辞书出版社，2001年。

23. 太田辰夫：《中国语历史文法》，蒋绍愚、徐昌华译，北京：北京大学出版社，2003年。

24. 曹炜：《现代汉语词汇研究》，北京：北京大学出版社，2004年。

25. 周荐：《汉语词汇结构论》，上海：上海辞书出版社，2004年。

26. 李尔钢：《词义与辞典释义》，上海：上海辞书出版社，2006年。

27. 程俊英、梁永昌：《应用训诂学》，上海：华东师范大学出版社，2008年。

28. 苏宝荣：《词汇学与辞书学研究》，北京：商务印书馆，2008年。

29. 蒋宗许：《汉语词缀研究》，成都：巴蜀书社，2009年。

30. 王宁主编：《训诂学》（第2版），北京：高等教育出版社，2010年。

31. 王云路：《中古汉语词汇史》，北京：商务印书馆，2010年。

32. 王宁：《现代汉语双音合成词的构词理据与古今汉语的沟通》，载中国语文编辑部编《庆祝中国社会科学院语言研究所建所45周年学术论文集》，北京：商务印书馆，1997年。

33. 章宜华、黄建华：《当代词典释义研究的新趋势：意义理论在词典释义中的应用研究》，载中国辞书学会学术委员会编《中国辞书论集1999》，上海：上海辞书出版社，2000年。

34. 汪耀楠、祝注先：《大型语文词典释义的特点和要求》，《辞书研究》，1982年第3期。

35. 郭良夫：《现代汉语的前缀和后缀》，《中国语文》，1983年第

4 期。

36.韩敬体：《论〈现代汉语词典〉释义的一般原则》，《辞书研究》，1993 年第 5 期。

37.祝鸿熹：《现代汉语辞书呼唤训诂学》，《辞书研究》，1998 年第 6 期。

38.黄金贵、胡丽珍：《〈现代汉语词典〉古词语释义辨正》，《辞书研究》，2003 年第 5、6 期。

39.黎千驹：《论训诂学在语文辞书编纂中的指导作用——以义项设置问题为例》，《辞书研究》，2009 年第 5 期。

40.李运富：《论汉语复合词的词素意义》，《励耘学刊》，2011 年第 1 期。

41.胡丽珍：《〈现代汉语词典〉古词语释义研究》，浙江大学博士学位论文，2006 年。

42.杨晓黎：《现代汉语传承语素研究——以〈汉语水平词汇等级大纲〉为例》，南京大学博士学位论文，2008 年。

语词索引

A

哀叹　151
安逸　189
隩嶂　011

B

巴巴　131
罢课　105
白驹过隙　050
百战不殆　123
饱　141
饱读　141
保护色　167
暴卒　111
爆发　191
卑微　113
悲叹　151
备　150，199
备至　068，150
倍加　097
奔腾　156
比翼鸟　172

避头　021
边扇　009
变易　193
便楫　022
便信　016
表述　193
表现　168，200
宾至如归　123
不遑　140

C

采光　167
沧海一粟　049
差　135
差错　135
差失　135
差误　136
诧愕　106
臣服　185
陈述　107
称说　187
弛　141

弛禁 141

崇 138

崇高 138

宠辱不惊 042

辞别 109

凑集 106

麤 210

翠绿 030

D

达 128

打哈哈 172

道谢 104

登场 156

颠² 125

颠仆 125

颠扑不破 125

殿后 126

雕砌 157

钓 119

叮咛 109

叮嘱 110

定当 165

洞察 068

洞达 162

洞开 070

都 147，198

都市 085，147

独辟蹊径 151

躲闪 064，149

E

恶贯满盈 048

恶劣 077

恩惠 114

尔 173

F

法式 169

发妻 196

翻 145

翻番 145

翻飞 182

烦劳 124

反 200

方才 100

非 041

纷纭 121

纷杂 120

焚² 210

峰峦 100

否决 191

赋税 090

G

改换 116

格³ 139

格斗 065，139

攻击 192
古稀 196
股市 194
鼓动 192
规 143
规劝 143
国情 191
过于 195

H

骸骨 107
豪雨 177
呵斥 112
和蔼 197
横 198
化涂 013
遑 140, 209
遑息 021
豁达 082

J

积攒 117
稽核 064
忌 140
忌惮 140
际会 165
家 154, 175
价 154
讲和 096

狡辩 035
孑 136
孑遗 136
劫掠 097
捷[2] 151
捷报 151
斤 209
经 129
经久 181
经年累月 044, 206
经始 014
经由 128
敬畏 092
捐 148
捐税 148
倦极 018

K

看 148, 149
看守 149
客 180
客套 153
客套话 153
恳切 101
恐怕 122, 187
苦 202
款[1] 140
款待 064, 140
阔别 061

L

来[1]　129

劳烦　124

两小无猜　050

流溢　166

柳暗花明　196

落荒　053

落英　178

履　135

履历　135

M

谩　208

浼　202

门庭若市　046

免除　190

名列前茅　051

明志　020

冥顽　083

摩挲　103

莫落　015

目睹　195

N

忸怩　017

P

判　031

判决　193

疲　143

疲惫　143，190

疲敝　115

破故　021

扑打　099

Q

漆黑一团　045

其[3]　130

奇葩　177

企竦　022

契合　187

迁流　102

切　144，145

切合　065，144

切记　145

切近　184，200

切要　066

亲昵　089

亲手　088

倾祝　023

清净　118

清闲　072

情怀　087

穷　142

穷极无聊　179

穷尽　071，142

穷忙　180

求全责备　052

R

人舍 011

如² 120

如或 019

入话 022

S

森严 074

山雨欲来风满楼 197

闪 120，199

闪避 062

闪躲 149

商旅 176

上等 194

身家 036

胜任 094

剩余 099，164

使下 024

嗜 144

嗜好 056，144

嗜血 144

肆无忌惮 044

搜索 081

搜寻 082

酸痛 161

T

杳 152

听¹ 134

听² 134

听候 134

听审 134

听信儿 134

痛惜 032

头绪 194

涂饰 163

推求 101

W

弯 171

危机 080

微言大义 124

卧病 033，207

X

蹊 150

蹊径 151

瑕疵 059

仙妾 013

仙院 016

娴静 073

襄 138

襄助 139

辛酸 102

信从 126

行经² 071

熏心 020

徇 142

徇情 142
徇私 142

Y

衙日 210
淹留 075
言归于好 039
俨 146
俨然 146
俨如 146
艳 137
艳羡 137
摇荡 079
遗恨 127
英名 028
营造 183
由 199
游泥 010
有碍 037
余残 017
愚痴 095
愚顽 084
预卜 034

悦 154
悦耳 154
悦服 079
悦目 154

Z

杂乱 122
杂沓 152
再次 166
载² 038
载歌载舞 038
张眉 012
真诚 095
征募 158
指 133
指斥 134
追 133
追悔 072,133
追认 186
追随 133
坠地 170
租税 091

泽地文库

第一辑

杭州方言研究 / 徐越 著

朝堂与文苑：唐宋文学论丛 / 沈松勤 著

中国古代小说戏曲关系史纲 / 徐大军 著

训诂学视角下的现代汉语辞书释义研究 / 周掌胜 著

中国现代新诗诗美建构与唐宋诗词 / 陈学祖 邓乔彬 著

江南佛学与"两浙"现代作家研究 / 竺建新 著

阅读史、修辞与小说创作的源初思维 / 郭洪雷 著

马克思主义与批评理论：走向辩证批评 / 刘欣 著

中国当代文学史写作问题研究 / 刘杨 著

合作化小说的语境与书写：以20世纪五、六十年代为中心 / 李佳贤 著

中国现代大学与现代文学 / 王晴飞 著